Gehanneß vumm Lipßbaerje

Schpelleoomnd

Nuuwe Schnurrn oold
un oole Schnurrn
nuuwe värrzoolt

Unsere eichsfeldische Mundart
ist ein hohes Kulturgut,
das es zu bewahren gilt.
Sie gehört daher untrennbar
zu den Wurzeln
unserer Identifikation
als Eichsfelder.

Schpelleoomnd

Kummet haer,
me wunn d ooln Schnurrn
ae mool wärre meet uuß daer
Kißdn loange.
Gehanneß vumm Lipßbaerje
hätt uchch doozu nachch ne
goanze Bakkunk nuuwe
uffgeschrämmn.

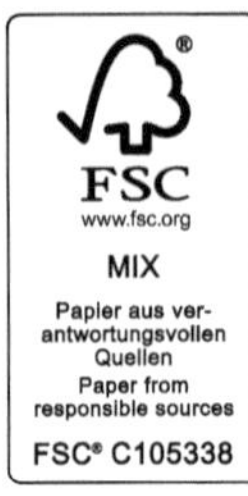

Impressum

Gehanneß vumm Lipßbaerje, Schpelleoomnd.
Idee, Autorenschaft und Layout: Hans-Gerd Adler, Heilbad Heiligenstadt.
Illustrationen und Umschlag: Bernhard Schauer, Heilbad Heiligenstadt.

Bibliografische Information der Deutschen Nationalbibliothek:
Die Deutsche Nationalbibliothek verzeichnet diese Publikation
in der Deutschen Nationalbibliografie; detaillierte bibliografische
Daten sind im Internet über http://dnb.dnb.de abrufbar.

Herstellung und Verlag:

BoD – Books on Demand, Norderstedt

ISBN: 9 783756 833917

Inhaltsverzeichnis

Vorwort

Unsere Eichsfelder Mundart pflegt man am besten, wenn man so redet, wie es früher in den Dörfern üblich war. Man muss jedoch feststellen, dass unser modernes Zusammenleben nur noch wenig Gelegenheit bietet, sich im alltäglichen Kontakt mittels Mundart zu verständigen.

Zu besonderen Gelegenheiten wie Familienfeiern, Heimatabenden und Karnevalssitzungen konnte ich immer wieder erleben, dass meine Beiträge in Mundart eine ganz besondere Atmosphäre des Frohsinns und der Heiterkeit bewirkten. Was enge Heimatverbundenheit bedeutet, wurde mir bei solchen Gelegenheiten immer mehr bewusst.

Unsere Mundart als hohes Kulturgut zu pflegen und zu bewahren, wurde ein Ziel, dass mich vor unerwartete Herausforderungen stellte. In Mundart zu sprechen, war die einfachste Form der Pflege. Die Texte von Martin Weinrich, Karl Leinewerber und anderen Mundartdichtern zu lesen, war schon eine gewisse Herausforderung. Ich hatte aber bald einen Schlüssel gefunden, der darin lag, beim Lesen den jeweiligen Text sofort in luttersche Mundart zu transkribieren. Damit las und „sprach" ich aber nicht das, was ich als Schriftbild schwarz auf weiß vor Augen hatte.

Die Versuche, eigene Texte in Mundart zu schreiben, drängten mich fortan immer mehr dazu, von der mir bekannten Schreibweise abzuweichen und mich weitgehend nach dem Sprachklang zu richten. Denn den Sprachklang in Schriftform zu konservieren, erkannte ich als die eigentliche Aufgabe zur Bewahrung unseres sprachlichen Kulturgutes. Die Wiederbelebung längst ausgestorbener Begriffe, die z. B. Martin Weinrich noch verwendete, stand somit nicht mehr im Focus meiner Überlegungen.

Erst Konrad Hentrichs Aufsatz *Wie sollen wir unser Eichsfeldisch schreiben?* (Eichsfelder Volksblatt 1934) sowie Sprachtests haben mich dazu bewegt, in dem Schriftbild zu schreiben, wie ich es in *Faefferkerner* und *Soolzschtangn* präsentiere. Aber erst mit der Arbeit an meinem Werk *Eichsfelder Mundart, Wörterbuch, Ein Weg zur lautgerechten Verschriftung* hat die Anpassung des Schriftbildes an den Sprachklang eine weitere Entwicklung genommen.

Besonders die Sprachtests haben mir bestätigt, dass auch Unkundige der Eichsfelder Mundart, die sich ganz auf das Geschriebene konzentrierten, den typischen Akzent der Aussprache wiedergaben. Aber auch zahlreiche Leser der oben genannten Bücher haben mir bestätigt, dass sie mit dem Verstehen von Begriffen keine Probleme hatten, wenn sie das gelesene Wort laut aussprachen.

Aus dieser Tatsache ist mir die Gewissheit geworden, den Sprachklang des lutterschen Dialekts weitgehend getroffen zu haben und ihn damit für die Zukunft bewahren zu können. Ein großer Traum ist mir dadurch gleichermaßen erwachsen, da eine solche Chance auch für andere Dörfer besteht. Diese sollte unbedingt genutzt werden, solange es noch Menschen gibt, die ihre ortsübliche Mundart beherrschen. Allerdings ist ihre lautgerechte Wiedergabe in Schriftform zweifelsohne eine große Herausforderung. Doch die Früchte einer solchen Arbeit dienen letztlich dazu, im Zeitalter vielseitiger Umbrüche und Auswirkungen der Globalisierung etwas Sinnvolles für die Pflege und Erhaltung unserer regionalen eichsfeldischen Kultur getan zu haben. Insofern ist das 2021 erschienene *Wörterbuch* für mich nicht nur ein Meilenstein zur Bewahrung der Identität der regionalen Sprache, sondern mehr noch ein Signal an alle, die ihrem Dialekt den typischen Sprachklang für kommende Generationen sichern wollen.

Die in diesem Buch enthaltenen teilweise bekannten aber auch neuen Verse und Geschichten bedeuten natürlich für die Leser auch wieder eine gewisse Herausforderung, da sie nun in Lautschrift geschrieben sind, wie diese im *Wörterbuch* präsentiert ist. Die Annahme dieser Schreibweise wird durch zunächst lautes Lesen schnell erreichbar und so der Liebe zum Plaad-Schtorjen förderlich werden.

Heilbad Heiligenstadt im Januar 2022

Hans-Gerd Adler

Schpelleoomnd

Daen Uußdrukk Schpelleoomnd odder Schpelleoobed kennn nitt me veele Lidde. Daß kimmet dohaer, wail d Lidde hiddezedaage oalle dahaime värrm Färnseejer eere Loangewiile värrbränngn. Am Änge wunndern se sich, daß d Kondaggde ungernannder immer wännjer waern un d Lidde sich anschainend glichchgilldich värrhooln. Nunn, d Ziidn hann sich j ae daermooßn värrändert. Me hätt manchmool daen Inndrukk, d Lidde keemn värr lutter Oarwait un Värrflichdungn äbberhaubt nittmee zu sich saelber. Un wänn se nachch frijje Ziid äbberich hann, do hann se sa veele nuuwe Hobbiiß, daßße färrn Schpelleoomnd goar kenne Ziid mee hann. Un worimme sulltn se daenn do nachch wißße, woaßß enn Schpelleoomnd äßß?

Wämme sa an Friejer zrikke dännket, do mußßme sich j wunndere, daß d Lidde domoolz färrn Schpelleoomnd äbberhaubt nachch Ziid hottn. Se hottn dachch sonn Haufn Oarwait un muttn sich daggdääglich vunn morjenz biß oobedz hellsch oabkweele. Un wänn se dann ß Naachtbrood hinger sich gebroocht hottn, do wärrn se am libbeßdn doodmiede innz Bette gegenn. Woaß sulltn se daenn ae annerte machche? Färnseejer gobbß nachch nitt, un enn Radijo hottn veele ae nachch nitt. Un wänn dr Schtroom uußgefalln worr, do muttn se n Wakkßlijcht aanschtikke, un dißß worr j manchmool ae nur n Haebpchn dunkler wii ne fimwenzwannzijer Beern inner Lammpn.

Schpelle gungn d Lidde haubtsächlich, wänn d Faelldoarwait gedonn worr, oalso im Schpeethärbeßte un im Winnter biß innz Friejoor rinn, jenoodaem wiiß Waettr eß dann zuluuß. Maißd gungn se noomn Naachtbroode bij eerer Värrwoandtschaffd odder birr Napperschafft Schpelle. Me troof sich inner Kichchn, wailz j do ae hebbsch woarme worr. D guude Schtommn worrte bij daen klenndern Hußßhoooltn saelltner benuddzd. Inner Kichchn hulln sich d Lidde daagßäbber hauptsaechlich uff. Hii worrte gekochcht un gegaeßßn. Ae oalle klenndern Hanntoarwaitn un d Besuuche schpeeltn sich hii oab, sa ae d Schpelleoomnde. Zum Schpelleoomnd koomn hechchßdenz zwaije odder drijje, abber niimoolz d hallbe Värrwoandtschaffd, dißß baßßeerte eer bijm Noamnßdagg un manchmool ae zum Schloachtekool.

Am Schpelleoomnd worrtn eeßdmool d nuuweßdn Nuuwichkaitn vumm Därfe uußgeduuscht. Abber ae oalle Sorjen un Neede, dii jeder saelber sa hotte, aebb mettn Kinnern odder daen Ooln, aebb Gesunnthait, Kochchrezaeppte, Hußß un Hobb odder ß Viizigg, oalleß koom zur Schprooche. Natierlich koomn ae Schtörjerchn, oole Schnurrn un Geschichtn uffeß Drapeez. ß worrte zsammn gelachcht un manchmool ae gehiilt. Dißß gobb daen Liddn Zesammnhoolt, daer kraade im Krijje un in daen Joorn donoo wichdich worr. Bijm Schpelleoomnd worrte abber nitt nuur geschtorjet, manchmool worrtn ae d scheenn ooln Liider gesungn. Ennz worr wichdich, daß d Hännge ae woaßß z duun hottn un nitt nuur ß Muulwaerk. D Wiiweßlidde hann maißd Wesche geflikket un Schtrimmpe geschtobpt odder se hann geknittet. D Mannzlidde hann Koortn geschpeelt, Schkaat, wänn drijje zesammnkoomn. Jenoodaem woaßß in daem Huuse nachch aanschtunn, worrtn ae Faeddern geschleßßn, Bonne uffgeknaifelt, Linnsn uußgelaesn odder Moonkapßeln uffgeschnänn. Dobij hullfn ae d kreßßern Kinner. Wänne Oarwait gedonn worr odder d Uure uff Niine odder manchmool ae uff Zaene schtunn, gungn d Lidde dann hännhaime.

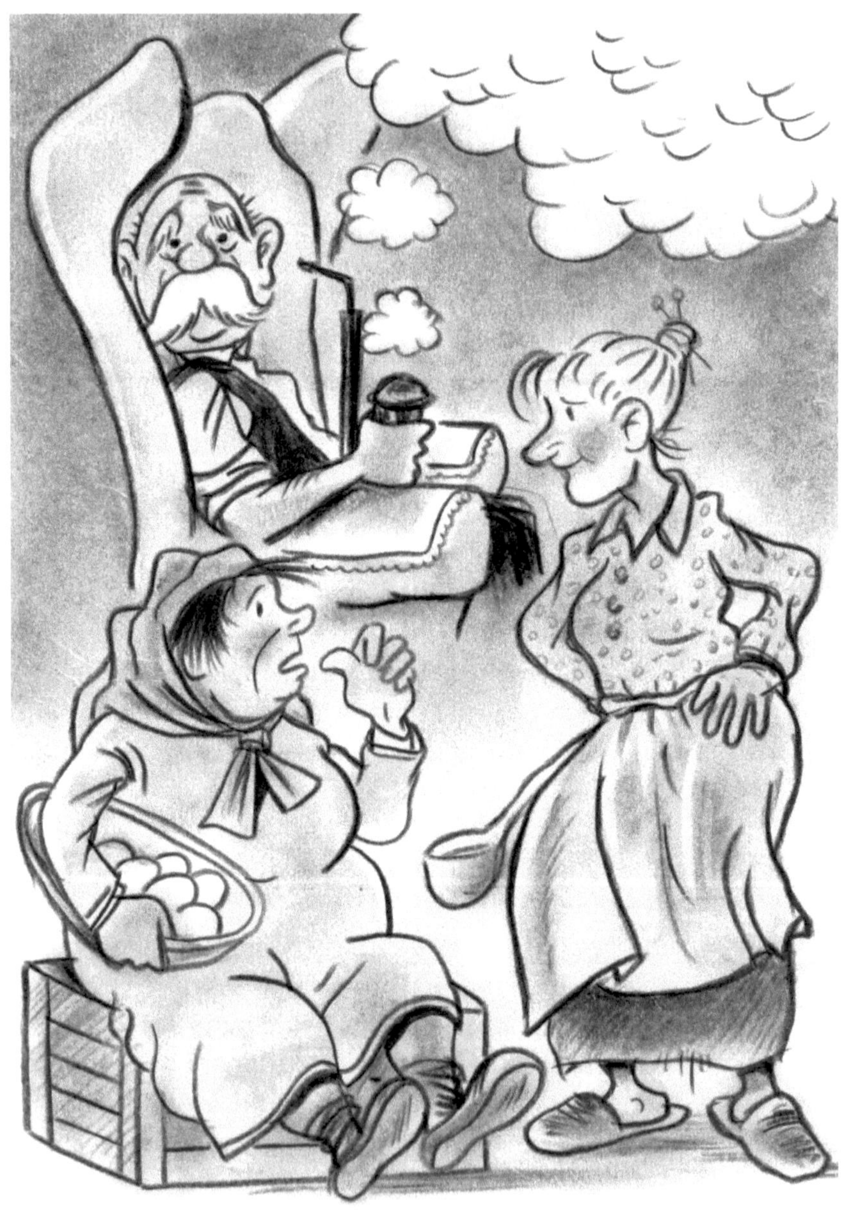

So kinnte eß gewaen sij

Jo, un do kloppdeß uff ennmool anner Kichchndeer un Napperß Lissebettchn koom Schpelle. ß suuß sich naemn n Oomn uffn Hollzkaaßdn un fung glichch ann, d nuuweßdn Noorichdn ußßem Därfe zu värrzeeln. Naemnbij hotte Mudtr n Disch oabgeriemet, Kroßßvoatr hotte mettm Fiddibußß sinnn Muddz aangeschtukket un dann daen dikkn Dabbakkwallm mett Genußß inne Kichchn gebloosn. Kroßßmudtr schtobpte Schtrimmpe un Voatr gunk nachchmool ruuß innn Kieweschtoall, wail Schakke korz värrm Kallmn schtunn. D Kinndr dorfdn nachch n bißßjen uffbliibe un sooßn hebbsch schtille hingerm Dische uff dr Bank un schpiddztn eere Oorn.

No ungefaer enner hallmn Schtunne schprooch Mudtr: „Nunn ässeß abber guud, Lissebettchn, jeddzd lang eeßd mool Lufft, domett de mich nitt vumm Hollzkaaßdn fellßd." Druffe Lissebettchn: "Najach, ß maißde haa ich uchch j ae värrzoolt. Abber du kinnteßt mich j mool gefrooge, aebb ich dahaim schonn woaßß gegaeßßn haa!" Druffe gobb Mudtr aemm n Daelldr mett Katuffl un Soosn, daen se woolwaißlich naemnbij zraechte gemachchd hotte. Lissebettchn hotte imnuu daen Daelldr leergebuddzt, wischte sich ß Muul oab, un sinn Muulwaerk koom aumnplikklich wärre in Schwunnk. Kerr koom z Worrte. Jedeßmool wänn Mudtr aanhoob un saete: „Abber Lissebettchn...", langete eß korz un diif Lufft un schprooch: „Abber dißß enne mußß ich dich umbedinkt nachch sae!" Un witter gunkß.

Ungefaer sa imme hallb Niine koom Voatr vunn drußßn rinn un schprooch: „Lissebettchn, nunn ässeß abber genunnk färr hidde. Machch daßßde ennhaim kimmeßd, odder du mußßt mich im Kieweschtoall jeddzd mool haellfe. Schakke schtedd naemmlich korz värrm Kallmn, un ich bruchche waen, daer d Kuu schtraichelt un beruicht. Dobij därfßde abber kenn Worrt schtorje, sißßt wärrd se ß Kallb nitt ruußkrijje!" Lissebettchn schtunn aumnplikklich anner Kichchndeer un schprooch: „Nae, nae, disse Värrantworrdunk äßß mich dachch z krooß. Do kumme ich libber morjen Oobed wärre un värrzeele, woaßß ich dissn Oobed nitt geschafft haa."

Dii guude oole Ziit

Nischt kann mich schennder intreßßeere,
Oalz wänn ich woaßß värrzoolt vunn ooln Liddn heere,
Wii ainfach dii friejer gelaebet hann.
Aebb me woll oalleß geklauwe kann?
Abber ß äßß schonn woor un raecht intreßßant,
Mancheß äßß unz j saelber vunn friejer bekannt.
Wii dii sich gekweelt hann un geschunngn,
Un troddzdaem hann se frooe Liider gesungn,
Worrn lußßdich un guuder Dinge,
Kunntn vunner Oarwait kenn Änge finge.
Naachtz imme drije gunkß Draeschn krait looß,
Dißß koßßdete oalln enn Laecheln blooß.
Gedroschn hann se, dasseß Hußß hätt gewakkelt,
Un d Finnger, dii hann se bijm Aeßßn gelaekket,
Wail d Katuffelbreezel sa knußberich worrn,
Uffm Oomn drußßn gebakkn, ooße jeder gaern.
S gobb drijje Hoozeln un enn Dibpn vull Muußt,
Un gobbß mool Katuffelkuuchn, worr dißß enn Genußß.

Dann hann se geschpunn, un Kerbe geziirt,
Schtroozeppe geflaechchdet un Schpinnschtommn gefiijert,

Abber nitt birr hunndertkärzijen Beern,
Gott bewoaare, driebe Eellijchter in Schtommn un Hußßeern.
Jo, d Ziidn worrn diijer, un do huußeß schpoare,
D Wiiber machchtn sich Waelln mett dr Brännscheern inne Hoore.
Un Kroßßvoatr suuß uff dr Oomnbank,
Rauchte sinn Muddz un worr kennmool krank.
Un gunk sinn Muddz aemm dachch mool uuß,
Do gommn me aemmß Fijer mettm Fiddibußß.
Un Kroßßmudtr knittete färr unz oalle d Schtrimmpe,
Hätt mett unz Kinndr gesungn, abber kennmool geschimmpet.
Un plaat hann me geschwaddzt, d Ooln, d Kinndr,
Nuur inner Schuule schproochn Hoochdidtsch d Minndr.
Un unse Voatr, daer hätt mett uns gekreelt,
Wänn me z luude uffm Klaweere geschpeelt.

   Inne Schuule gunkß maißd mettm drijjen Schtikke Brood,
Dachch doochtn me nii, daß dißß äßß ne Noot.
Un wänn inner Schuulschtunne mool ne Noodl rungerfull,
Do hätt meß gehoort, wailz worr do sa schtill.
Dachch ennmool, do treente sonn Feff därch d Schuule,
Do schprang unse Schulleer glichch uff vunn sinnm Schtuule:
„Wer war das, wer pfiff denn da so?“
Mee Kinndr sooßn oalle wii värrschtainert nur do.
„Du warst es, Mienchen, sag nur nicht nein!“
„Ach, Herr Lehrer, ich baustete bloß mal in das Tintenfass rein!
Und da war uff einmal sa ne große Blauster da,
Und uff einmal, Herr Lehrer, da feif es sa!“
„So, so, da pfeif es sa und ne Blauster war da?
Und ich blaustete hinein?!
Mein Gott, was soll das für ein Hochdeutsch nur sein?!“
Enn Hoochdidtsch sullz sij, abber woasseß färr ennz worr,
Dißß worr daem Mienchen ae nitt goanz kloar.

Schmekkschniißjen

Do wärrd aanduernd vunner guudn ooln Ziit geschwaddzt. Jouwoll, ß hättz j mannd mancher vunn uchch mool meetmachche sulln, aebbß do daadsächlich sa richdich dikke haergunk. Jednfallz hammeß dachch hidde fillichte goarnitt sa schlaechd, wii mancher maint. Gukket mool hänn, d oole Frannsißchn, Gott hätt se krait seelich, dii hotte domoolz n Dröbpchn Junkß, dii hottn immer Kooldammp. Manchmool hätt se oobedz rässeneert, wänn se d gekochchdn Katuffel zum Naachtbroode värrdailte. „Jeder krijjet zwaije, un wail Beeter mich hidde sa dichdich gehullfn hätt, krijjet daer nachch sonn klaineß Illderchn dobij." Abber Gehanneß, woaßß daer Aeldeßde worr, daer knutterte äwwer ß eewije Ainerlai un wullte umbedinkt Soolzkatuffel haa. „Jouwoll!", hättse do gesaet, „Soo enn Schmekkschniißjen, wäll daer ae nachch Soolzkatuffel haa!"

Uußgetrikkßt

Vetter Willaim un dr oole Frannz Wäber troofn sich mool wärre bijm Friseer. Se worrn schonn baide zeemlich oold, abber eere Wipperchn gommn se immer nachch zum Beßßtn. Se trikkßdn sich dobij gaejensiidtich uuß, un mee hottn jedeßmool unsen Schpoaß immesißßt un d Ziit bijm Friseer gunk hänn wii nischt. Ennmool koomß zu disser Sachche:

„Na, Frannz, wii gettz dich daenn? Gaelle, du witt dich ae nachch n baar Waelln mett dr Brännscheern in dinne Fussln bränne looße?" „Na, Wilhelm, i loass mei Kopf mit Bienhonich einreim, woas meinst, wie doa mei Hoaar sprießt. Da kann ichs näschte Wocha wieda kämma!" „Äbberijenz, Frannz, woaßß ich dich schonn immer mool sae wullte. Domoolz, oalz ich in Frankraich inner Gefangnschafft worr, Junge, do hottn se Koolzkeppe - wiin Woaßßeremmer sa krooß. Mett zwai Mann muttn me sonn Koolzkopp uffn Waan heebe. Un d Koolzfaelldr, dii worrn soo krooß, wänne do ennmool drimmerimmegelaufn bißßt, do worrß schtokke-raamnnaacht!" „Doas issa nix, Wilhelm. Bei uns daham in Oberschlesien, doa hats a Kesselschmied ghabt, der hoat a Kessel gmacht, so groß wie die Stub hier!" „Na, na, na, Frannz, nunn prool abber hallb so. Woaßß wulltn se daenn mett sonnm krooßn Keßßl machche!" „Ja, weißts, Wilhelm, da wolltns deine Kohlskepp drinna kocha!"

Kreßßde Veersicht gebonn

Michl worrß eeßdemool inner Schtaadt gewaen, un nunn värrzoolte haa daen naechßtn Sunndagg inner Wärrtschafft am Schtammdische dovuune:

„Do mußß me villichchte uffbaßße, lutter Gescheffde, d goanze Schtrooßn lank, un dann waiß me nachch nittmool woaßß daß äßß. Do schtunn ich zum Baischpiile värr sonnm Loadn, daer sogg raecht appedittlich uuß. *Manniküre* schtunn do draane. Na, doochte ich, daß häßßde ae nachch nitt ge-gaeßßn. Un do bänn ich rinngegenn. Woaßß maint de woll, do gobbß nischt zum Aeßßn, abber dofeer hann se mich de Fin-gernaele oabgeschnänn. Ich worr froo, wii ich wärre drußßn worr. Ne Ekkn witter worr nachch sonn Loadn, do schtunn *Beddiküre* draane, ich do ae rinn. Deijwelnachchmool, daß worr bainlich. Do hann se mich dachch d Zeechnaele oabgeschleffn. Un nachch ne Schtrooßn witter worr en goanz krooßeß Gescheffde mett sonnm krooßn Schille, un do schtunn *Wallküre* druffe. Do bänn ich abber nitt mee rinn gegenn. Waer waiß, woaßße mich do nachch oabgeschnänn hettn. Drimme äßß d kreßßde Veersicht gebonn, wämme inner Schtaadt ne guude Wärrtschafft siecht.“

Enn pleddzlicheß Bedärfnißß

Schußßderß Lissebettchn un Innaemerß Mattillde sinn mettm Bußße vunn Märtefaelld inne Schtaadt gefaarn. Wii se sa äbbern Willaim gegenn sinn, do äbberkoom Lissebettchn pleddzlich enn Bedärfnißß, dasseß kaum nachch gelaufe kunnte. ß knebp sinne Baine zsammn un mainte färr Mattillde: „Jou, do machchn se hii färr veer Millijoonn Oiro d Fuußgängerzoone oalleß uffß Fainzde, abber färrn schtilleß Errtchn, wo me mool uußgetraede kann, do hottn se schainbar kenn Gaelld mee äbberich, odder se sinn z giddzich dofeer.“ Do schprichcht Mattillde: „Värrgenne Wochchn worr ich ae schonn mool hii inner Schtaadt, un do haa ich gesijn, daßße oomne bij Hiisemannz daen Borzelaanloadn dofeer immegebuuwet hann.“ Druffe Lissebettchn: „Un du mainßd, do kamme jeddzd uußgetraede?“ „Jou, sicher. Se hann do goanz krooß Klosett (*Closed*) uffn Schilld geschrämmn un daß hännket schonn ne goanze Ziit imm Schaufaenßßder.“ „Un woaßß mußßme dofeer bezaale?“, wullte Lissebettchn wißße. Un Mattillde mainte: „Daß waiß ich ae nitt. Abber gee dachch ainfach rinn un frogg.“

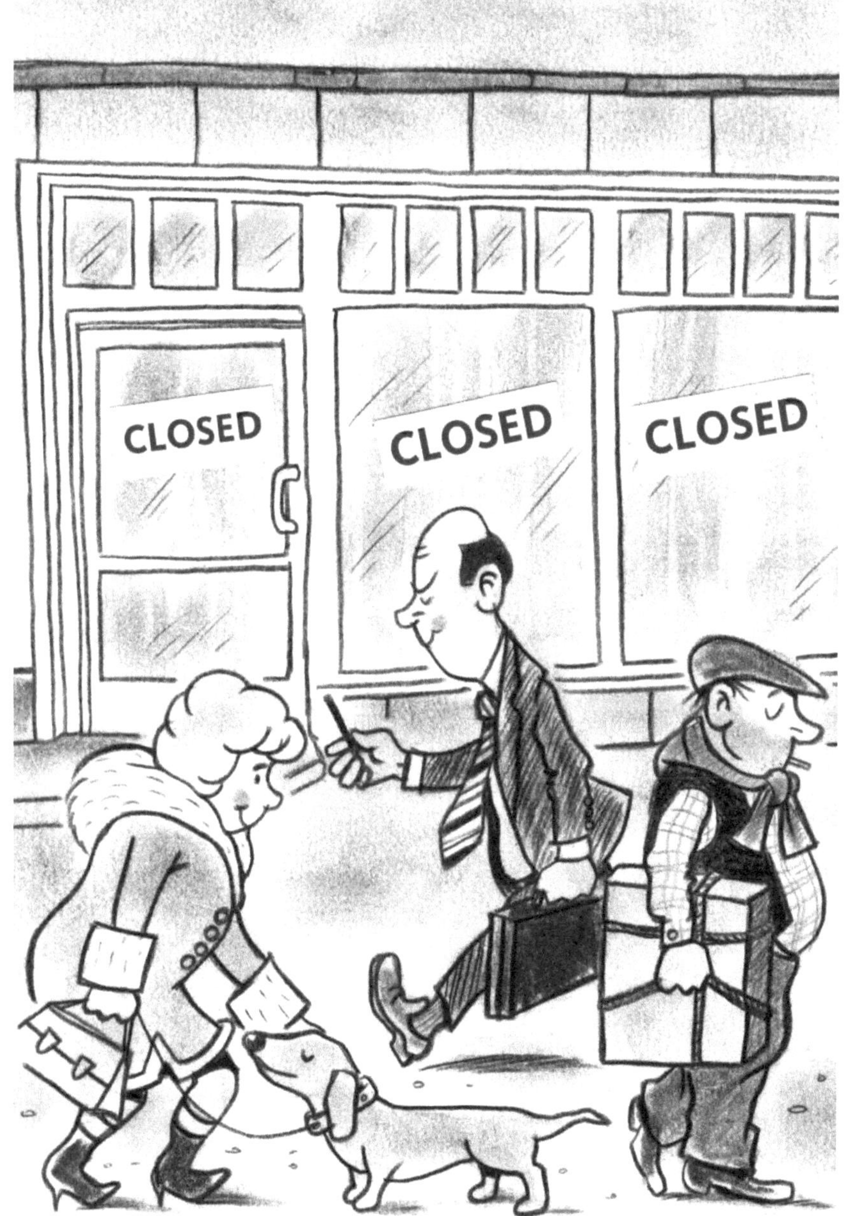

CLOSED
CLOSED
CLOSED

Dr Haeringßbißß

    ß worr j mool värr veeln Joorn,
Do komm noo Hailjenschtaadt gefaarn
Enn Buuerßmann ußßem Lutterdaale,
Daer nannte sich Bornjossepp Schade.
Daen Waan mett Guul un Futterwanne
Schtellt haer unger glichch im *Willn Manne*.
Un oalz zeeeßt värrsorjet worr daer Guul,
Dännket Bornjossepp dann ae an sinn Muul.

    Bornjossepp worr enn frommer Krißde,
Beschtallt sich Haering vunner Lißde,
Wailz j hidde kraade Frijdagg worr,
Wo Flaischaeßßn krooße Sinne worr.
Ennn Mällcher hätte sich beschtoolt,
Biß uffeß Hoor ooß haer daen koolt,
Biß uff d Kräätn wullte ich sae,
Daenn dii kunnte Bornjossepp nitt värrtraa.

    Daer Haering hätt geschmaacht seer guud,
Oabgelaekket d Finger vunn daem Suud,
Druff hätt Bornjossepp oalz Eerenmann,
Zaen Fännje Trinnkgaelld nachch gegaenn;
Äßß donoo inne Schtaadt gelaufn,
Imme nunn woaßß innzekaufn.
Dachch beveer d Wärrtschafft haer värrlooßn
Freeget haer d Wärrtzfrau sa daermooßn:

    „Schpraechcht, wo haad dii Haeringe dee daenn haer?
Sa scheene Mällcher, wii aemn daer,
Daen ich bij uchch kraad haa gegaeßßn,
Wo ich dohingn am Disch gesaeßßn!"

D Wärrtzfrau druff: „Minn liiwer Mann,
So heert mich dachch jeddzt guud mool ann:
Mee kaufn unse Haeringe bij *Schtröwer* oomn,
Daenn daem sinne mußßme ainfachch loomn!"

Furrt gunk Bornjossepp mett feßßdem Schreed,
Un noom nachch sinnen Hanngkorb meet.
Sa mancheß gobbß j zu besorrjen,
Bornjossepp bruchchte nitt z borrjen.
Ußß kennm Gescheffde gunk haer leer,
Daer Hanngkorb worrte aemm krait schweer.
Am Änge vunn daen Innkaufßfoadn,
Gunk haer nunn rinn bij *Schtröwerß* Loadn.

Bornjossepp freeget korz un knapp,
Daen Kommißßeer noo Haeringn oab:
„Haade daenn sollche wii se krijjet dr *Wille Mann*,
Bij daem ich sa scheene gegaeßßn hann?"
Daer antworrtet druff mett Schlemmerwonne:
„O, wenn Ihr wünscht, ne ganze Tonne
Könnt Ihr bekommen, wenn's Euch genügt,
Und sogar gleich, wenn Ihr verfügt!"

Bornjossepp schprichcht: „Imme Hämmelzwilln
Wäll ich ß Aangeboot dachch nitt ärrfilln!
Ich wäll dachch nuur, heert zu genau,
Ennen ainzijen blooß färr minne Frau!"
Druff gett dr Värrkaifer hänn bijß Faßß
Un langet enn Haering, vumm Soolze naßß,
Un wullt ne innwikkele in Babeer,
Dachch weerte sich Bornjossepp seer:

„Daß äßß nitt needich! Loodz mannd sij,
Ich naemn ne soo, waile oone Brij,

Un gee j glichch zum Waane nuff,
Un schmißß daen Haering hingne druff."
Bornjossepp noom mett Ellegannz
Daen Haering soglichch ae bijm Schwoannz
Un gunk mett aemm behaaglich dann
Daen *Willaim* runger zum *Willn Mann*.

    Bijm Uurloadn *Lange* bläbb haer schteene,
Haer fannd d Uurn do goar z scheene.
Bornjossepp doochte bij sich imm Schtilln,
Wii kinnte sich sa enn Wunsch ärrfilln,
Sonne scheene Daschnuur z haan,
Un dii Sunndaggß dann am Aanzugg traan.
So gukket haer goanz unverwanndt,
Dr Haering baumelt anner Hannt.

    Enn Luusebängl, daer sooß gaejenäbber,
Daer gukkte bij Bornjossepp räbber.
Haer noom sinn Blooßroor schnaell zur Hannt,
Un Bornjossepp sich zum Schiimnschtannd,
Värrsiecht, aebb nitt deß Bollznß Schpiddzn
In daem Haering blämmn siddzn.
Dachch effder schoßß haer knapp donaemn,
Abber ändlich bläbb daer Bollzn klaemn.

    Dachch nitt im Haering - wii z hoffn -
Bornjosseppz Hannt worr scharf getroffn.
Un daer zukket firchterlich zsammn,
Sinne Aumn dii schpriddzn Fijerflammn,
Haer schmeßß daen Haering inne Goßßn
Un trett ne hart uff Kopp un Floßßn
Mett sinnn Schtäbbeln, un rieft: „Schißßn!
Dich wäll ich haellfe, mich z bißßn!"

Haer trott soloange inn sirr Hiddze,
Biß daßße sogg daen Mällcher schpriddze
Im hooen Boogn uff d Schtrooßn,
Eeßd dann hätt haer vunn aemm gelooßn.
Haer wuusch sich druff daen Wuutschwaiß oab,
Lankte Guul un Waan un fuur im Trabb
Noo Lutter dann, ennhaime hänn.
Dachch n Haering hotte Bornjossepp kenn.

Genau genummn

Hannjärjenz Anreeß hotte enn Schriimn ußß dr Schtaadt gekräyjen, daß haer mutte uffeß Gerichchde kumme. Daer Dagg schtunn druffe un ae de Ziit, wann haer do sij mutte. Immer wärre hotte ha oalleß därchgelaesn, imme ae nischt fallsch ze machchn. Ändlich worrß nunn sa wiid, un haer machchte sich zraechte. Daer Geerokk worr aemm veele z krooß, un ae de Mannschettn ruttschtn aemm äbber de Hännge, abber eß mutte ae so gee.

Oalz haer nunn innz Gerichchde koom, do lachchtn oalle looß, un daer Richchder worrte beese un kreelte: „Was fällt Ihnen ein, in einem solchen Aufzuge bei Gericht zu erscheinen! Wollen Sie uns lächerlich machen?" Sa gunk daß enne goanze Wiile. Anreeß hotte sich eeßd värrfeert, abber dann schprooch haer: „Jo, ich hotte mich jo ae gewunndert. Abber dee haad mich dachch sa hiihaer beschtallt. - Hii in daem Schriimn vunn uchch schtedd aekßdraa drinne: *Sie haben in Sachen Ihres Vaters zu erscheinen!*"

D beßßde Leesunk

Märtenz Frannz äßß enn junger, goanz ruijer Batroon un guud ze liidn. Haer oarwaitet äbber de goanze Wochchn inner Schtaadt un kimmet mannd ß Wochchnänge hännhaime. Deßwaejen ässeß nitt ze erkläärn, daß haer enneß Oobedz im Gaßdhoowe siddzt un enn Klaaß noom annern rinnkippet. Napper Wänndeliin siddzt sich donaemn un freeget ne: „Nannu, Frannz, welche Luuß äßß dich dann äbber de Laebber gelaufn?" „ß äßß dachch woor", maint Frannz, „kumme ich hidde hännhaime, do läät dachch minne Oolsche mett Napperß Ansaim uffm Schesselong. Ich äbberlää nunn, woaßß ich do gemachche kann." Druffe kraddzde sich an sinnm Koppe un schprichcht: „Härrgott, ß mußß mich dachch ändlich woaßß innfalle!" Mett ennmool schpringet Frannz uff. „ß äßß egaal", schprichcht d „jeddzd waiß ich woaßß ich machche!" „Machch dich nitt unklikklich", räät aemm Wänndeliin „un saegg mich eeßdmool, woaßß de veerhäßßt!" „Jou!", kreelt Frannz, „Ich gee jeddzd glichch hännhaime un värrkaufe ß Schesselong! Daß äßß klauwe d beßßde Leesunk!"

Bauer Boint

Baerje Määte un Schniiderß Annchn traeffn sich mool wärre värrm Bakkße un schnaatern. Schprichcht Määte: „Du, minn Änkelchn Schandall-Faneeßßa hätt färr mich gemaint, ich wärre dachch nachch nitt zu oold un sillte ruich mool d modärnen Uußdrikke aanwännge". „Un?", freeget Annchn. „Oach, dißß äßß werklich nitt schweer. Waißte, dißß Härrd-huuse Roßßwitta hätt j ae schonn wärre enn Nuumn. Dißß äßß klauwe daer saekßde. Abber sinne Mudtr hätt mich värrronn, daßßeß dißßmool daer richdije wärre, daen hetteß krait schonn äbbern värrtl Joor. Oalso, ich wällz dich jeddzd mool uff Dännglisch sae: Dißß äßß enn Bauer-Boint!" Druffe Annchn: „Wii? Äßß daenn daß nunn enn Bauer- odder enn Dauer-Froind?" Schprichcht Kääte: „ß Leddzde, ß Leddzde, Annchn!"

Fallsche Veerschtellunk

Baekkerß Josseppchn worr kummer ußß dr Schuule gekummn, un do gunge schonn mettm Maechn schpazeern. Enneß scheen Daageß gunge mett aemm n Lipßbaerg ruff. D Lidde gukketn hinger dii baidn haer un saetn: „Woaßß wäll daenn daer mett daem Maechn im Lipßbaerje machche, dii wunn sich dachch woll nitt uffhannke?" Jou, un woaßß maint dee, woaßß dii baidn gemachchd hann? Se sinn hingne am Fischerßkoppe wärre rungergegenn!

Korona

D Koronabanndemii hotte im Joore zwaidousendainnzwannzich krait äbber hunnertdousend Doodeßopper geforrdert. Dodräbber hann sich Michchl un Jorrch uffgeräät, wail sich soveele ainfach nitt immbfe luußn un deßwaejen annere aanschtukktn.

Schprichcht Michchl: „Ich klauwe, d Waellt äßß värrrikket. Eeßd do doomn se sich uuß mett dr Laola-Waelln un dann hann se d Korona-Waelln am Hallse!" Druffe Jorrch: „Jou, abber ennz wäll ich dich ae sae: Libber mett Karola uffm Soofa, oalz mett Korona im Bette!" Un Michchl maint: „Jou, daß wärre j ß Beßßde. Abber aangenummn, Karola hette Korona, do munn se am Änge oalle baide innz Bette!" Un Jorrch lachchte druffe luude looß un mainte nachch: „Jou, abber se keemn dann beschtimmet uff d Isseliirschtattzijoon!"

Värrdoocht uff Korona

Märtn hotte mool wärre sinn kruwaechdijen Doßßd im *Wißßn Roßße* sa ainigermoaßn gebänndicht. Daß een Joseefa, sinne Oolsche, vuller Wuut un mett nemm Debbichklopper naachtz imme Aine inne oole Kammer innz Bette gedänngelt hotte, wußßte haer am annern Morjen nitt mee. Wiije nunn sa lanksaam ußß sinnm Draane uffwachchte, riif haer: „Joseefa! Mich didd j oalleß wee! Ich ruchche nischt, ich haa ae kennn Geschmakk im Muule, minn Hoallz äßß forddzdrijje un minne Schullder jukket wii värrrikket! Ich klauwe, ich haa Korona!" Un wail Joseefa nitt glichch koom, kreelte haer nachchmool: „Joseefa! Du mußßt schnaell kumme, ich haa Korooona! Bränngn Emmer meet, ich mußß ae glichch kuddze!"

Märtn wullte kraade diif Lufft loange un nachchmool ruufe, do bollderteß uff dr Trebpn un schonn schtunn Joseefa mettm Uußklopper inner Deer un schprooch: „Ich wäll dich be-ko-ro-na-e, du ooleß Suffschwiin! Machch, daßßde ruuß-kimmeßd un kuddz anne Mißßdn, sißßt krijjeßde mett minnm Uußklopper soloange d Schpriddzn, bißde koronafrij bißd!"

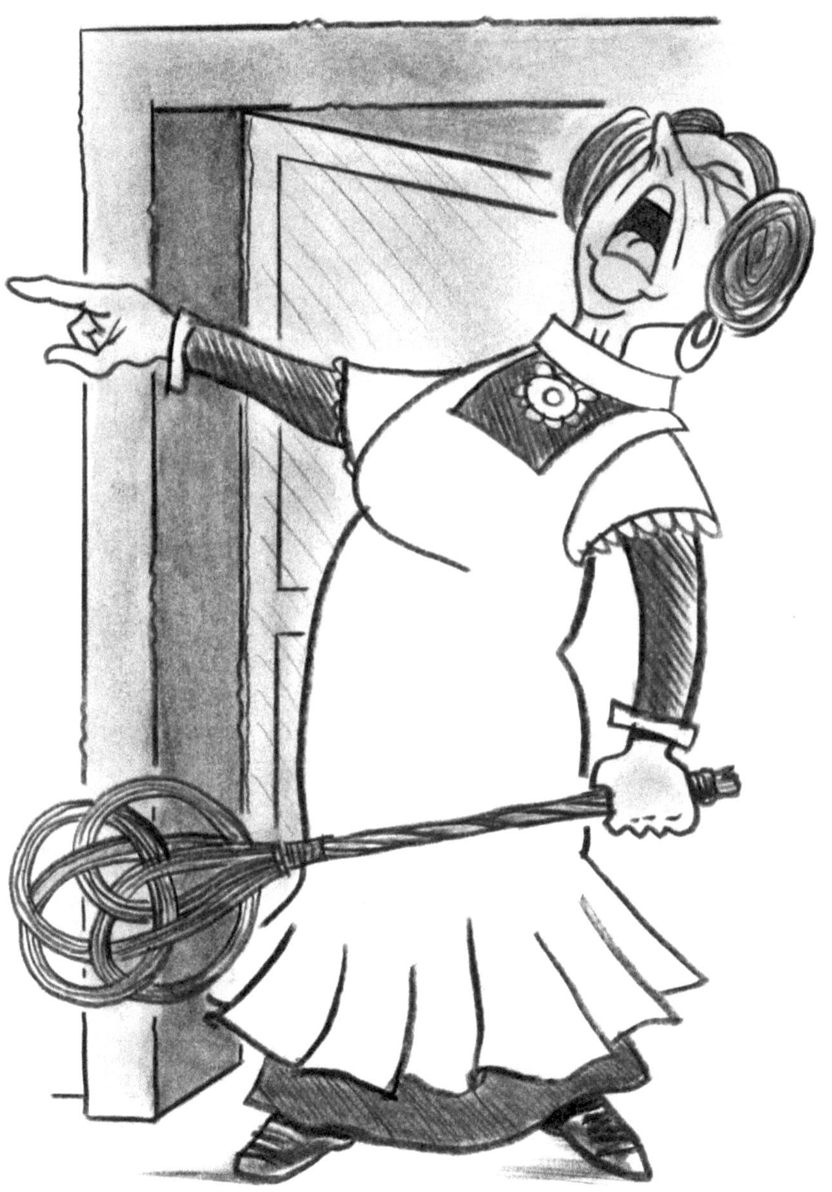

Kwarranndääne

Drij Wochchn noo daem Veerfalle koom Märtn wärre innz *Wißße Roßß*. Do fruug ne Baerje Richchard: „Na, Märtn, wo häßßde daen soloange geschtukket? Me doochtn schonn, du wärreßt uußgewoandert?" „Oach, imme Gotteßwilln, ich gee dachch nitt waegg vunn hii! Abber ich worr dachch d goanze Ziit in Kwarranndääne – waejen Korona!"

Koronadeßßt

Josseppchn mutte inner Schuule zum Koronadeßßt. Wii nunn d Schulleersche daen Deßßtschtaab noom un een in sinne Noasn schtikke wullte, mainte haer: „Baßß abber uff, daßßde nitt an minn Resettknupp kimmeßd!"

Buußdern

Schprichcht Annchn färr Mariichn: „Innaemerß Kattriina, daß hätt j sich krait ß värrte Mool buußdere looße!" Druffe Mariichn: „Ouw du, ß värrte Mool? Ich doochde gaejen Korona bruchchme blooß ennmool dohänn?" „Nae, Mariichn, nitt gaejen Korona! ß feert dachch waejen sinn Fooln im Ge-sichchde schonn sait värrgennen Summer bij d Koßmeedik inne Schtaadt, un do leddz sich d Huut im Gesichchde mett sonnm Geel buußdere!" Maint Mariichn: „Oach deßwaejen sitz sa uffgebluußdert uuß! Ich haa mich schonn gewunnert, wovuune eß uff ennmool sonne Drullschnuußdn hätt?"

Daggß druff koom Mariichn hänn bij Annchn inne Kichchn un riif schonn uffm Fluure: „Ouw, Annchn! Bij dich richchtz j hidde wii bijm Baekker! Woaßß bakkßd de daenn Scheeneß?" Druffe Annchn: „Ich bakke goarnischt, ich buußdere blooß minne Preetchn im Gaaßhaerde, daß äßß ne faine Sachchn! Dii Preetchn sinn dann wii frisch!" Druffe Mariichn: „Du, Annchn, kannzde mich daenn villichchte mool n Dipp gegae, wo ich minn Eegonn mool gebuußdere looße kann?" „Hm? Nae! Ich waiß j nitt wii du daß sißßt, abber ich klauwe, bij daem wärre d goanze Buußderij värrgaemnß!"

Inzidennz

Ungerhooln sich Maalchn un Jußdiine. Schprichcht Maalchn: „Du, Jußdiine, dinn Mann hätt j woll ae ne krooße Sämmn-Daage-Inzidennz, wae?" Freeget Jußdiine: „Wii, woaßß mainßte daenn domeet?" Druffe Maalchn: „Najach, ich haa ne gesijn, wiije d goanze veerije Wochchn jedn Dagg inne Knaipn gegenn äßß un eeßd imme Mitternaacht ennhaime geschwannket äßß!" Freeget Jußdiine wärre: „Soso, daß häßßt du gesijn?" Maalchn langet diif Lufft und schprichcht: „Jou! Ich kinnte dich daß dachch sonnst nitt gesae!" Druffe Jußdiine: „Daß klauwe ich dich oone jedn Zwaifl, daenn dii Sämmn-Daage-Inzidennz vunn dinnem Manne, dii lääd j woll nuur bij null, wae!" „Wii kimmeßde daenn doodruff?", wullte Maalchn wißße. Jußdiine machchte sinne Libpn braid un schprooch: „Najach, wänn dinn Mann sonne hooe Inzidennz wii minn Mann hette, do läjjeßde dachch mett aemm im Bette un kinnteßt nitt jedn Oobed im Faenßder gehannke!"

Laifschtriimn

Schprichcht Kroßßmudtr Klaara färr sinn Änkl Jußdiin:
„Zu, machch, daßßde hidde am hoochhailjen Sunndagg inne
Kärrchn kimmeßd. ß hätt krait uußgeludd!" „Oach, Omma,
ich gukke hidde d Maeßßn im Färnseen, dii kimmet vunn
Ägiidijn, in Live-Stream!" Druffe Kroßßmudtr: „Woaßß sinn
daenn dißß färr Moodn hidde? Wänn mee unz friejer sowoaß
gelaißtet hettn, do hettn me roode Schtriimn gekrächcht,
daß me nitt mee gelaufe kunntn. – Laifschtriimn – un
sowoaß ledd d Kärchn ae nachch zu?!"

Kenn Faelkriff gemachchd

Bij Schmeedz inner krooßn Schtommn mutte mool wärre
daer Fuußbonn geschtrechchn waere. Frannz fuur deßwaejen
mettm Fliddzebee inne Schtaadt bij *Toka*, imme Farbe ze langn.
Daer Värrkaifer im Loadn saete: „Da haben wir etwas ganz
Gutes, diese Farbe hier ist schon in zwei Stunden trocken."
Druffe Frannz: „Do kann ich se nitt gebruchche, in zwai
Schtunnn bänn ich jo nachch nittmool wärre drhaime. Do
wärre daer Kauf j klaader Faelkriff."

Schtokkaendn

Färr Baerbechn un Roosa gobßß immer wärre woaßß, wo se
sich dräbber uffgerää kunntn. Schprichcht Baerbechn: „Daß
wäll ich dich sae, Roosa, hidde sinn d Lidde oalle laifsch ge-
worrn!" „Wii mainßde daß daenn?", wull Roosa wißße. „Jou,

friejer, do hottn me kenne Ziit zum Rimmelaufn, do muttn me oarwaite un koomn uff kenne dummn Gedannkn. Hidde, do gukk se dich dachch aan, do laufn se Sunndaggß wii Waerkeldaggß äbberoall im Hollze rimme, anschtatt daßße woaßß Värrninnfdijeß machchn!" Un Roosa schprooch: „Jou, schtell dich veer, du kannßt j nachch nittmool in Ruuwe anne Hallmn gegee, wänn dich im Hollze mool d Bloosn drikket! Anndauernd do heerßdeß klappern un schonn kimmet sonne Schtokkaendn värrbij!" „Jou", schprichcht Baerbechn, „mett eern Schtekkern do värrschoichn se am Änge nachch oalle Haasn un Fikße!"

Daer Ungerschiid

Freeget Wäberß Jossepp uuß Makknroode Schniiderß Bauel uuß Haitroode: „Woaßß saet dee daenn aijendlich färrn A-Maßßdn?" „Hm? – eee – A-Maßßd natierlich. Un dee?" Mee saen nischt färrne, mee genn ainfach draane värrbij."

D Bijodonne

Friejer, wii uff jedm Hoobe nachch ne Mißßdn worr, doo worrtn oalle Aeßßnzreßße un Kichchnoabfelle dodruff ge-schmeßßn odder se koomn inn Futteremmer färr d Schwiine. Hidde äßß daß annerte, wail kerr mee n Schwiin im Schtoalle schtee hätt un ß eeßd raecht kenne Mißßdn mee gidd. Abber d Kichchnoabfelle giddz noo wii veer. Drimme hätt dr Schulleer d Kinndr uffgeklärt, daß me waejen daer Immewaellt sich enne Bijodonne hännschtelle säll, wo dii Oabfelle nunn rinnkumme sunn. Haer hätt aenn ae gesaet, woaßß dann mett daen Bijooabfelln gemachchd wärrd un wodraane me d Bijodonne ärrkennt. Am Änge daer Uffklärunk freeget haer d Kinndr: „Wer von euch kann mir sagen, wo es bereits eine Biotonne gibt und woran man sie erkennt!?" Doo maellt sich Karrelchn un saet: „Mee hann schonne goanze Wiile enne!" Dr Schulleer freeget een: „Karl, das ist ja toll, aber kannst du uns das einmal genauer erzählen?" Un schonn lääd Karrelchn looß: „Minn Voatr äßß bij unz d Bijodonne, wail daer immer d Raeßder vumm Mettaaßbroode uff sinn Daelldr krijjet, un daß sidd me ainfach schonn dodraane, wail sinn Buchch goanz scheene dikke äßß!"

Daß worr aemm dachch ze veele

Schtoffel worr immer enn guuder Oarwaitr gewaen, un krank hotte haer nachch nitt ennmool gemachchd, immer worr haer dr eeßde. Nunn kimmet äbberraschend sinne Frau an ennem Morjen aan un maellt bij sinnm Scheff: „Oach, minn Schtoffel kann hidde nitt anne Oarwait gekumme, haer läät im Bette un äßß krank." „Nanu?", schprichcht dr Maißder, „So plötzlich? Was hat er denn?"

Do winket sinne Frau mett dr Hannt oab, un schprichcht: „Ach wißßt de, ich ha leddzde Naacht Zwillinge gekräyjen, un do hätt sich minn Schtoffel sa värrfeert, daß haer innz Bette mutte. Un nunn ha ich de baidn Wörrmer un mußß mich ae nachch imme daen Kaerel kimmere."

Värrschlißßelte Diagnoose

Schmeedz Ansällm gunk mool wärre hänn bijn Doktr. Noodaem daer ne ungersuucht hotte un mett sinner Froogerij am Änge worr, schprooche färr Ansällm: „Ihre Symptome sind eindeutig. Ich denke, Sie haben die Porzellankrankheit." „Un, Härr Doktr, kamme dogaejen woaßß gemachche?" „Tjaa, mein Lieber, in Ihrem Falle kann die Medizin leider nicht helfen."

Wiije nunn haimkoom, freeget ne Marjanne, sinne Frau: „Na, woaßß hätt daenn dr Doktr gesaet?" „Siddz dich eeßd mool uffn Schtuul, beveer ich dich daß sae, ß äßß naemmlich enne goanz schweere Krankhait! Dr Doktr mainte, ich hette d Borrzelaankrankhait!" „ Ouw, du liiwer Dagg, daß faelt unz ae nachch. Häßßde daenn do Kraeweßd, odder woaßß säll daß färrne Krankhait sij?" „Dißß waiß ich ae nitt, sa genau hätte mich daß nitt gesaet."

Un wail dißß Marjanne nitt in Ruuwe luuß, hättz sich glichch annz Dellefoon gehannkn un daen Doktr aangeruufn. „Gendagg Härr Doktr! Hii äßß Frau Maijer, d Frau vunn Ansällm! Kunnt dee mich daenn gesae, woaßß daß genau färr ne Krankhait äßß, dii minn Mann hätt?" „Aber ja, Frau Meier. Ich denke, Sie werden das selbst schon bemerkt haben und somit an meiner Diagnose nicht zweifeln. Nur, ich wollte gegenüber Ihrem Mann nicht deutlicher werden und ihm sagen, daß er nicht mehr alle Tassen im Schrank hat."

Nummer 274

Kattriinchn un Hannjärje wulltn frijje. Oalleß worr veer-
beraitet, un ß Bruutekßamn bijm Farrn hotten se ae hinger
sich gebroocht. Nunn gunk de aijendliche Oarwait abber
eeßd richdich looß. Kuuchnbakke, n Haan un drij Hinndr
schloachte, de Schtommn uußriime, Dische un Schtiele im
Bakkße loange, n Hochchznschlunnk färr d Hußßdeer wikkele
un sa witter. Do koom uffennmool enn Junge un schprooch:
„N scheenn Kruuß vumm Härrn, un enndr vunn daen baidn
Bruutlidden säll glichch nachchmool hännkumme." „Dißß
äßß dinne Sachche, Hannjärje! Du mußßt dich jeddzd
schonn mool bewaise!", schprooch dr Bruutvoatr.

Bijm Farrn aangekummn, wull Hannjärje nunn wißße,
woasseß gobb, un haer freeget: „Härr Farr, ich säll nachchmool
kumme?" „Ja!", saete dr Farr, „Wir haben vergessen festzulegen,
was bei Ihrem Einzug in die Kirche gespielt werden soll. Sie
können sich Ihr Lieblingslied spielen lassen. Geben Sie mir nur
die Nummer aus dem Gesangbuch, und ich verständige den
Organisten." „Oje, ne Nummer ußßem Gesankbuuche? Kenne
Aanunk." Abber Hannjärje waiß sich ze haellfn. „Me naemn
Nummer zwaihunndertveernsäbbetzich." Un glichch druff
värrabscheedet haer sich vumm Farrn.

Drhaime aangekummn, wäll Kattriinchn nunn wißße, woasseß
nachch gobb. „Je woaßß bijm Innzuuge gesungn wärrd", saet
Hannjärje. „Un woaßß wärrd gesungn?", wäll Kattriinchn wißße.
„Je waiß ichß daenn?", saet dr Briidijamm. „Ich ha gesaet zwai-
hunndertveernsäbbetzich. Gukke dachch mool im Gesank-
buuche noo." Se gukkn noo, un doo schtedd unger Nummer
274 oalz Äbberschriffd: *Bei der Einweihung einer neuen Orgel.*

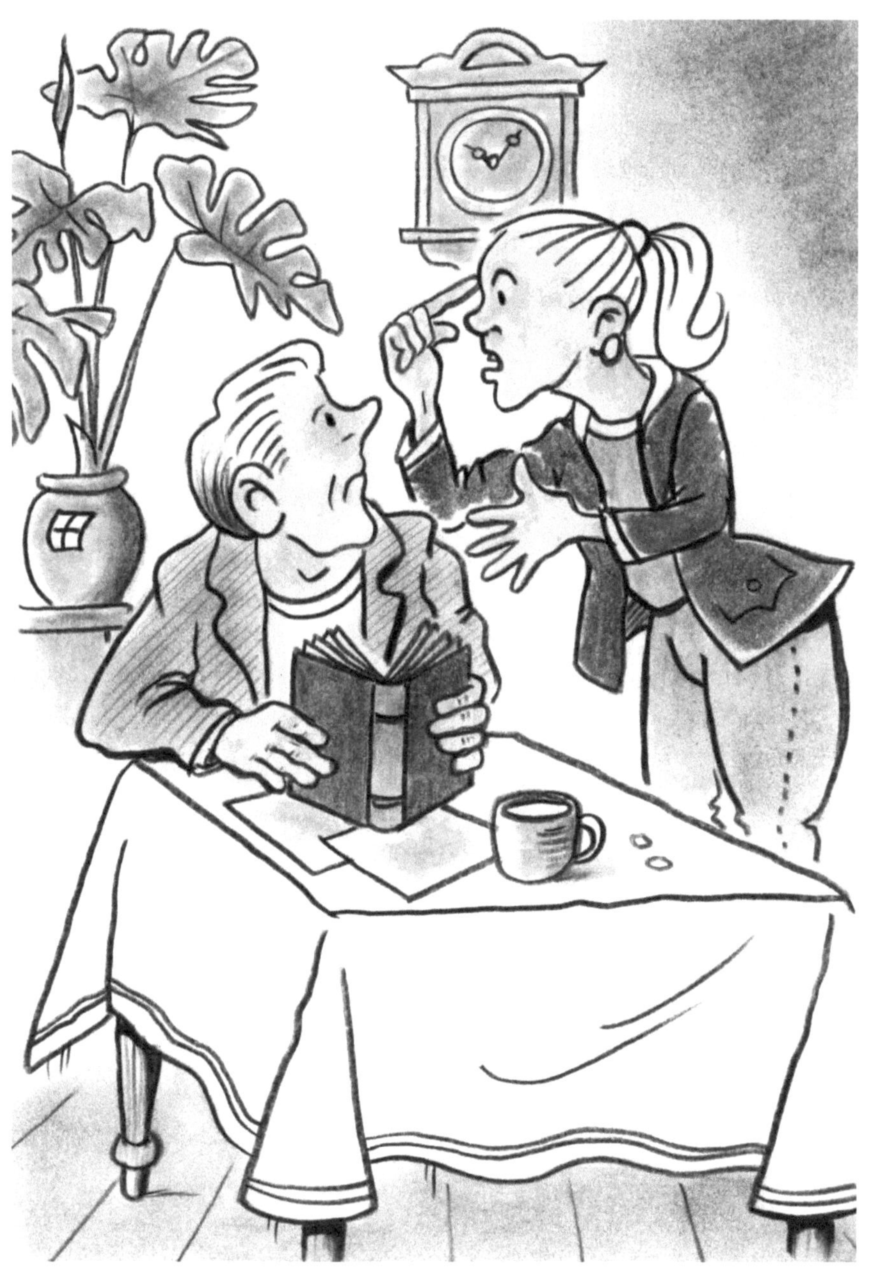

Schpeete Rachche

Kinndrfraumß Krißdoffl sinne Oolsche Gädderuud worrn Brettelwiib eeßden Ranngeß. Se hätt een aanduurnt driwweleert, vunn friejmorjenz bißß schpeetoobedz. Nii koome zur Ruuwe, un haer sogg boole uuß wiin ooler Klepper.

Enneß Daageß abber worr eß pleddzlich geschtormn. Krißdoffl doochte bij sich: Dißß säll aemm mool schlaechd bekumme. Haer luuß se värrbränne un vunn eerer Aschn klaine Kiegelchn machche. Disse schtukkde haer inne Aijeruur rinn un schtoolte se uff d Kommoodn. Jedeßmool, wänne inne Schtommn koom, do dreete haer mett ennm Schmunnzln d Aijeruur rimme un schprooch: „So, nunn mußßde ae mool ruff un runger, un ich haa minne Ruuwe dobij."

Veersorje

Kunnrood un Valltn siddzn mool wärre äbber drij Schtunne bij ennm Beer inner Knaipn. Baide sinn soo giddzich, daßße am libbeßdn, wännz aenn schmekke wörrte, uffn Schneeball gebullt un daen dann uußgesukkelt hettn, dann bruchchtn se naemmlich ß Gaelld färrß Beer nitt daem Knaiper annen Hoallz z schmißßn.

Freeget Kunnrood: „Na, Valltn, häßßd du daenn schonn dinn Deßdamennt gemachchd?" „Jou, Kunnrood. Ich haa värrfieget, daßße mich ß Schpoarbuuch meet innn Sarch lään. Wänn dann am Jingeßdn Daage d Ufferschteejunk vunn daen Doodn kimmet, do haa ich glichch woaßß. Un du, wii sittz daenn bij dich uuß?" Kunnrood trukkßde rimme, waile kenn Schpoarbuuch hotte un ae kenne Ärmn. „Jou", schprichcht de dann, „ich haa ae veergesorjet. Ich looße mich nur biß zum Buchchnabbel bekraabe, do kann ich naemmlich d Kraabfleege saelber äbbernaeme."

ß Unklikk bijm Unklikke

Friejer worrß j so, daß vunn daen Därfern veele Maenndr im Summer oalz Sesonngoarwaiter inne Fremmete zoggn, imme ß needichßde Gaelld färrn Laemßungerhoolt eerer Famillje z värrdiinn. Zwaije ußß dr Lutter worrn oalz Muur annem Bau in Halle, koomn im Schpeethärbeßte zrikke un oarwaitetn dann ae zsammn im Hollze oalz Hollzhauwer, n goanzn Winnter därch. Un do ässeß baßßeert, daß enn Baum waegggeruttscht äßß und enn vunn daen baidn unger sich bekraamn hätt. Im goanzn Därfe worr ne krooße Uffrägunk äbber dißß Unklikke.

Noon baar Wochchn traeffn sich Härrta un Lawiise, d Frauwn vunn daen baidn Maenndern, un Lawiise freeget d Widdwe: „Na, Härrta, häßßde dich daenn sa ainigermoaßn mett daem Schikksaale oabgefungn?" „Jou.", schprichcht dii, „Woaßß bliiwet mich daenn annerß äbberich. Troddzdaem ich nunn vunner Värrsichcherunk fimwnzwannzichdousend Mark gekräyjen haa, minn Mann faelt mich äbberoall."

„Woaßß?" schprichcht Lawiise, „Fimwnzwannzichdousend Mark häßßde dofeer gekräyjen?! Nae, nae sa enn Unklikke, un do schpringet minn daemischer Gußdaff anne Hallmn!"

Doodeßaanzaige

Kärchbaerje Lissebette sinn Mann worr geschtormn un do
ässeß inne Schtaadt bij d Ziidunk gegenn, imme ne
Doodeßaanzaige uffzegaenn. In daer Aannaameschtelln hätt
dii Ziidunkßfrau gefrooget: „Wie soll denn der Text lauten?"
Druffe Lissebette: „Schriibet hänn: Jossepp äßß dood." „Und
weiter?", hätt dii Frau gefrooget. „Nischt witter. Ich haa nitt
sa veele Gaelld färr sa veele Wörrter." Daß hätt daer Zii-
dunkßfrau geruurt, un se hätt meet eern Liddn schnaell ß
Gaelld färr ne kreßßere Aanzaige zesammngelääd. „So, jetzt
können Sie die Anzeige noch ergänzen.", schprooche se.
Druff Lissebette: „Guud, do schriibet: „Jossepp äßß dood,
Moobedd zu värrkaufn."

Nulldariif

Kunnrood un Lawiise hottn sich laufnd inner Wulln. Boole
jedn Dagg gobbß bij aenn maechdijeß Gekawwele. D Lidde
maintn, daß bij daen baidn j manchmool d Helle looß wärre.
Abber immerhänn, se worrn krait äbber värrzich Joore lang
mettnnannder värrfrijjet, oalz haer nunn pleddzlich enn
Schlaag krächde un geschtormn äßß. Wiije nunn sa inner
Helln worr, hätte sinn Lawiise dachch värrmißßd un enneß
Daageß daen Deijwel gefrooget, aebb haerß nitt mool aange-
ruufe kinnte un woaßße doveer bezaale mitte. Dodruffe sch-
prooch dr Deijwel färrne: „D Geschprääche vunn err Helln zu
enner annern Helln giddz said eewijen Ziidn immesißßt, oal-
so zum Nulldariif!"

Hoore uffn Zeen

Schprichcht Vinnzennz färr Wänndeliin: „Dinne Frau, dii hätt j woll goanz scheene dikke Bakkn gekräyjen, wae. Se worr dachch sißßt immer raecht schmaechdich. Äßß daenn mett aer woaßß?" „Nae, aijendlich nischt. Abber minn Maalchn hätt dachch d leddzde Ziit immer sa ußßem Muule gerochchn, un dogaejen hättz dann Odool genummn. Nunn ässeß aemm baßßeert, daßßeß minn Alpeziin mett daem Odool värrwaeßßelt hätt. Jou, un du wärrßdz nitt klauwe, ß hotte j schonn immer Hoore uffn Zeen, abber saitdaem, Junge, doo hättz eeßd richchdich welche druffe, un dii kannz boole gekemme!"

Ne zwaite Mainunk

Dr oole Jossepp gunk inne Schtaadt innz Kranknhußß waejen sinnn Gichchdbainn. Haer mutte Schuune, Schtrimmpe un ae d Hoosn uußzii, imme sinne gichchdjn Fieße veerzewiisn. Daer Profaeßßer gukkete sich de Baine aan un saete: „Hören Sie, mein Herr, wenn Sie schon zum Arzt gehen, hätten Sie sich vorher aber Ihre Füße mal waschen können." „Jo", saete Jossepp, „dißß hätt j unse Doktr drhaime ae schonnt gesaet, abber ich doochte, beveer ich do woaßß fallsch machche, wullte ich mich eeßd bijm Profaeßßer inner Schtaadt ne zwaite Mainunk loange."

Waer z schpeete kimmet, ...

D oole Frau Schullzn, dii worr nitt sa goanz oone,
Se sooß wii enn Kennik uff sinnm Troone
In eerm braidn Sorjenschtuule,
Dachch bij dr Oarwait worr se nitt fuule.
Se kommandeerte eere Lidde rimme wii Knaechde,
Un ae eern Mann, daen schtubbßd se zeraechte.
Jou, Luddwich hotte Scheßß värr sinner Frau,
Daß wußßte d Schullzn j ae goanz genau.
Jou, ß Kommandeern luug aer maechdich im Waesn,
Se fakkelte nitt loange mett eerm Riißbaesn.

Vettr Hannjärje, daer hotte Noamnßdagg.
Do gunk hänn dr Schullze, nachch oone Frakk,
Glichch naemnann, d Gaßßn runger,
N bißßjen Doßßd hott haer j, abber kenn Hunger.
„Daß d mich imme Ellwe dahaime bißd,
Un mich ae daen Noamßdaggßkuuchn nitt värrgißßd!",
Riif aemm d Schullzn nachch luude noo.
Un Luddwich daer saete: „Jou, Kattriine, jou!"

Bij Vettr Hannjärje worrß goar sa gemiedlich.
An Broodn un Beer, do donn se sich gietlich,
Un kerr worr dobij, daer noom Haimgenn fruug,
Biß uff ennmool daer Räggelaador hallb Eine schluug.
Do schtegg Luddwich uff un noom sinnen Huud,
Un schprooch färr Hannjärje: „Veeln Dannk, un machchß guud!"
Ungerwaejenz doochte haer dann sa mool aemn:
„Waer z schpeete kimmet, daen beschtrooft j ß Laemn."

D Schullzn dii hotte schonn loange geluurt,
Dachch hätt sich nischt värr daer Deere geruurt.

Se lichchdet uff d Uur, dii uff Zwellwe schonn schtunnd,
Daer Mann koom nachch nitt haim, dißß worr aer z bunnt.
Se langete sich jeddze daen Riißbaesn rinn,
Un se luurte enn Wiilchn, biß daßße schluuf inn.
Noo ner Wiile koom Luddwich nunn aangedappet
Un hätt goanz liise de Deer zugeklappet.

Abber d Schullzn, dii hättz dachch gehoort,
Un se kräsch eern Mann aan, goanz luude, nitt zaart:
„Nunn, Luddwich, wiiveele Uur ässeß daenn soaemn?"
„Jou, ß hätt anner Kärchn kraade Ellwe geschloan!"
„Duu ooler Schooßßkopp, nunn ligg dachch nitt sa,
Do mußß ich woll rikkwaertz geschloofn haa!"

Un se noom dodruffhänn daen Riißbaesn zur Hannt
Un schubbßte domeet eern Mann anne Wannt.
„ß naechßtemool, minn Liiwer, heer mich jeddzt mool zu
Do naem ich daen Baesn un schloo richdich zu,
Un wänne dann immer nachch häßßt enne Lißßt,
Do schubbße ich dich glichch hii uffn Mißßt,
Un ich schloofe in minnem Bette soloange oallaine,
Bißde ändlich kimmeßd dann binktlich ennhaime!"

Woßßt oab

Schprichcht Bettscher-Marii färr sinn Änkl Kwintiin-
Joonaß: „Oach, Junge, machch mich dachch mool ne Woßßt
oab." Maint daer: „Oma, wovon denn?" Druffe Bettscher-
Marii: „Najach, oomne vunner Wößßtekammer, minn Junge."
Daer gett ruff und kimmet korz druff wärre bij sinne Omma.
Goanz schtollz wißßt haer aer uff sinnm Hänndi enn Billt

vunner Wößßtekammer un schprichcht: „Gucke mal, Oma, ist das nicht ein schönes Bild geworden?!" „Oh du oallemaechtigßder Dagg, Junge, du sullteß mich dachch ne Woßßt oabschniide un nitt fottekrafeere!" „Oma, du hast aber gesagt, ich soll dir eine WhatsApp machen und ich dachte, du wolltest Papa ein Bild von der Wurstkammer schicken!"

Uffm Waeje bijn Bokk

Wasse Kreetchn in Laentroode laebete beschaidn färr sich hänn. Se hotte ne Zeyjen un enn Schtikke Goortn un hullf im Därfe äbberoall uuß. Wii nunn d Zeyjen bekksch worr, do hätt se disse hebbsch zeraechte gemachchd un wull nunn mett daem Deere no Haitroode bijn Bokk. Uffm Waeje koom se bij Jachchiimß Huuse värrbij. Freeget Jachchiim: „Na, Wasse Kreetchn, wo witt du daenn sa friej am Morjn schonn hänn?". „Oach", antworrtete Kreetchn, „ich wäll j mool hänn noo Haitroode bijn Bokk." „Druffe mainte Jachchiim: „Wännz j sij mußß, abber do kunnteßde dachch de Zeyjen dahaimegelooße."

Waer veele freeget...

Schwejjervoatr koom zu Besuuch, un mee wußßtn, daßße gaerne mool ne Flaschn Beer trannk. Wii dii aemm geschmaacht hotte, haa ich ne mool gefrooget: „Na, Schwejjervoatr, wullt dee daenn nachch ne Flaschn haa?" „Jou!", hätte do gesaet. „Abber du waißt j ae, waer veele freeget, daer gidd nitt gaerne." Do haa ich n roodn Kopp gekräyjen un mich dachch geschaemet. Saitdaem haa ich aemm ainfach immer ne Flaschn hänngeschtoolt, wänne sinne uußgetrunnkn hotte, abber nii wärre gefrooget, aebb haer nachch enne haa wäll.

Härbeßtgeschprääch

Dr oole Bartl un dr oole Schullzekarrel gungn im Lainebark in Uder schpazeern. Krait ne hallbe Schtunne luufn se naemnannder, oone enn ainzijeß Wärrtchn z saen. Uffmmool blämmn se schtee, schtiddzdn sich uff eere Geeschtekke un Bartl mainte: „Jou, Karrel, ß wärrd j anne Härbeßt." Un wail Schullzekarrel nitt mee guud hoorte, schprooch aemm Bartl innz Oor: „ß wärrd anne Härbeßt!" „Jou, Bartl, ß wärrd anne Härbeßt." No ner Wiile Bartl: „D Blettr falln ae schonn oab." „He?" „D Blettr falln j ae schonn oab!" „Jou, d Blettr falln j ae schonn oab." No ner wittern Wiile mainte Bartl: „D Bänke hannse ae schonn waegggeschtoolt." „He, woaßß mainßde?" „D Bänke hannse ae schonn waegggeschtoolt!" „Jou, Bartl, d Bänke hannse ae schonn waegggeschtoolt." Un Bartl witter: „Vejjl sitt me ae nitt mee." „He?" „Vejjl sitt me ae nitt mee!" Druffe Schullzekarrel: „Jou, wail se d Bänke waegggeschtoolt hann."

Nachch guude Diinßde

Krißdlz Kroßßmudtr kunnte nitt mee sa wii friejer, deßwaejen koom Krißdl inner Wochchn ennmool bij se, imme eern Hußßhoolt im Schußße zehooln. Wiiß nunn sa bijm Uffriimn worr, fungß inner Ekkn n ooln Raenschärrm, un do mainteß: „Oach, Kroßßmudtr, daer Schärrm hii äßß j schonn dodaal hänn. Ich gae ne glichch naechßte Wochchn mettm Schpärrmill waegg!“ Do hätt d Oole abber brodteßdeert un schprooch: „Nae, nae! Ich gee j bij Raenwaettr sowiisoo nitt ruuß, un im Huuse didd haer mich nachch guude Diinßde!“

Maenndern didt daer Schtorch nischt

Hainrich un Mariichn worrn mett eerer Mudtr in Bärrliin.
„Innn zoloogischn Goortn genn me abber ae mool rinn!“:
Sa schprooch d Mudtr, un de Kinndr worrn innvärrschtenn,
Daenn drhaime, uffm Därfe, do gobbß j nitt sa enn.

Eeßd bewunndertn se d Schloanngn im Schloanngnhuuß.
Dann gungn se bij d Affn, Leemn, Diiger, Ellefanntn un Kängeruuß,
Donoo bij d Bannterß, Zeebraß, Biisonnz, Krokkediile un Baern,
Un zeleddzt nachch hänn bij d Vejjl, dii soggn se ae gaern.

Boole oalleß woaßßeß gobb an Vejjl uff dr Aerdn
Worr hii in daem Zoo laibhafdich värrtraedn.
Fasaane, Bellikaane, Schwääne, Flamingooß, Oadlerß un Wij,
Sowii Uuln un maßßnhafft Schterche, dii gobbß j ae hii.

An disse truubete Hainrich sich dichchde nitt rann,
Un haer sogg sich d Klapperschterche vunn wiidem nur an.
Färrn sinn Bruudr behaerzd Mariichn do schprichcht:
„Kumm haer, daer Schtorch didt Maenndern dachch nischt!“

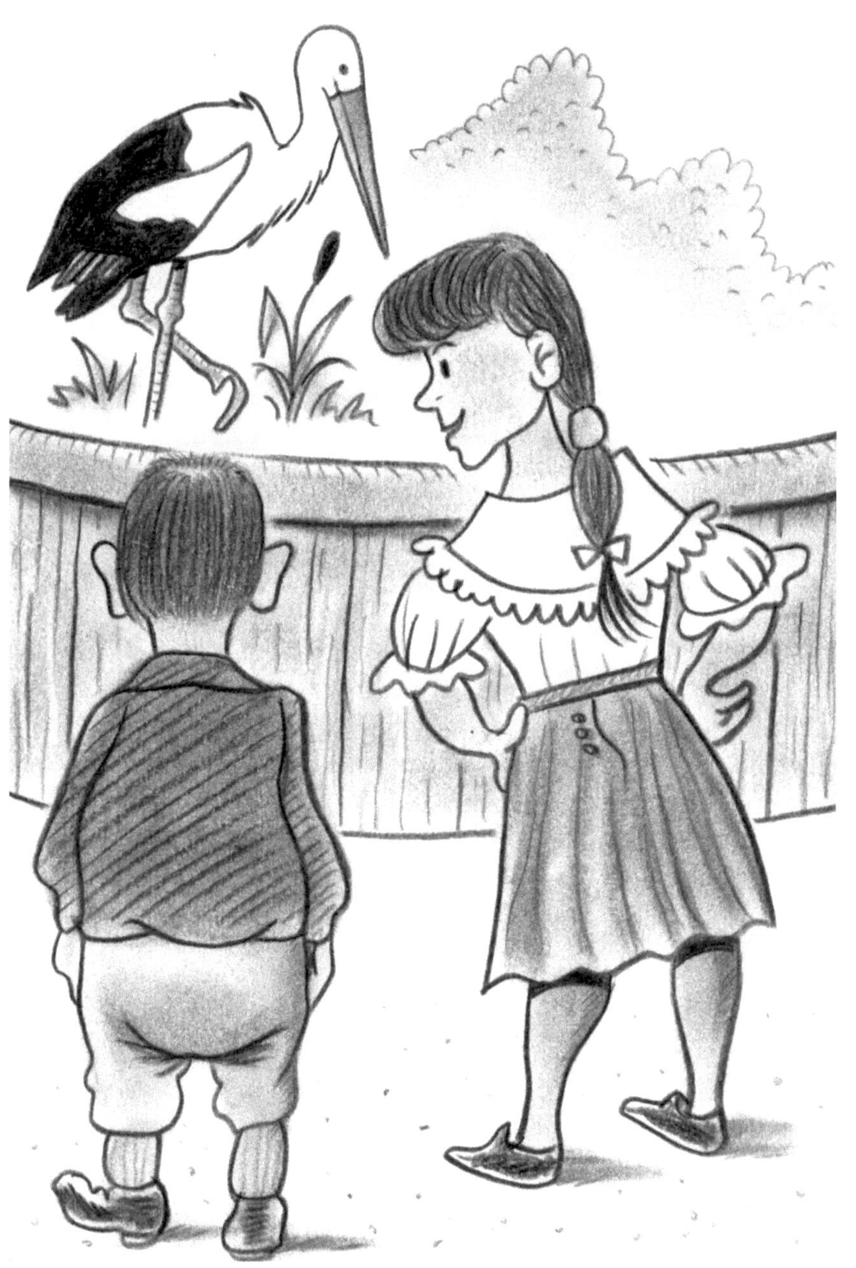

Mällchbrieder

Vettr Michl hottn se im goanzn Därfe gaerne. Mett klainn Kinndrn machchte haer sinne Schpääße, un d krooßn Maechn gungn aemm ußßem Waeje, waile een manchmool woaßß aanhunng. Dii Borrschn in daen Fleegeljoorn abber drukktn sich schtillschwaijend an aemm värrbij. Daenn wännse vunn aemm ärrwischt worrtn, daßße woaßß uußgefraeßßn hottn, do schluug haer se hinger d Oorn, daßße biß annz naechßde Schinndoor floggn. Wänne abber ß Oobedz inner Wärrtschafft mett sinn Frinnn zesammnsooß, do gunk sinn Muulwaerk wii ne Draekkschludder.

Zu Fingeßdn hotte nunn Michl sinnn Vettr Jossepp ußß Hannuuwer inngeladd. Disser worr schonn joorelank nittmee dahaim gewaen. Nunn koome mett sirr Frau un sinnm Jungn. Jossepp hotteß ae z woaßß gebroocht, daenn haer worr Beammdter bijm Regiirunkßprässedenntn, un sinn Junge hotte krait gediint un worr Ungeroffeziir. Michl worr hellsch ribbelich un Frannsißchn, sinne Frau, hotte n scheen Reebroodn inner Kruude schteen, daer duffdete därchß goanze Hußß. D Fraide äbber daen hooen Besuuch worr äbberkrooß, un ß gobb veele z värrzeeln.

Noomettdaggß fuurte Michl daen Besuuch därchß Därf. Se machchtn enn Schlänker äbbern Raasn un gungn inne Wärrtschafft ninn. Do suußn se sich annen Mittldisch, un Jossepp värrzoolte, wiiß drußßn inner Waellt zugett. Am Napperdische schpiddztn se d Oorn, schtukkdn eere Keppe zesammn un rottn hänn un haer, waer disser fremmete Mann bij Michl wärre. Willaim bakkde d Nijgiirde daermooßn, daßße uffschtunnd un hänn bij Michl annen Disch gunk. Do ärrkannte haer pleddzlich Jossepp un saete: „Gendagg Jossepp! Na, ae mool wärre doo? Wii gettz dich daenn?" Abber Jossepp wußßte nitt waer disser frinndliche Mann worr. Haer machchte enn värrduddzteß Gesichte un saete ainfach: „Guten Tag!" Druffe Willaim: „Du kennzd mich woll nittmee, wae? Ich bänn dachch dinn Mällchbruudr!" Wii haer daß saete, do horrchtn se oalle uff. Un Willaim lääte nunn richdich looß: „Jou, jou, dinne Mudtr, dii hotte j nitt genunnk, un do hätt dich minne Mudtr meet krooß gezoggn. Jou, un du häßßd j nunn guud lachchn, wail de in Hannuuwer woonßt, abber du häßßdz j woll nuur zu ennm Jungn gebroocht!" Dißß kunnte Michl abber nitt ainfach hännge-naeme. Haer mukkeerte sich un schprooch färr Willaim: „Sigg mannd schtille, Willaim, ich wäll dich jeddzd ae mool woaßß sae: Minn Vettr Jossepp daer hätt domoolz d guude Mällch gekräyjen un äßß enn krooßeß Deer geworrn, un du, du häßßd nur suure Mällch gesoffn un bißßt enn krooßer Brummoßße geblämmn!"

ß Schprängeln hätt gehullfn

Dr Farr gunk därchß Därf zum Schprängeln. Do koom haer ae bij anner Gaßßn Beeter uffn Hobb. Beeter worr kraade am lammendeern: „Dr Deijwl mußß dißß Joor uffm Hoobe sij, d Kuu hätt oalle drij mool immegerindert, d Suu äßß nachch nitt zugekummn un zwai Schoofe traan dißß Joor ae nitt, ich waiß nitt woaßß ich machche säll." „Na", schprichcht dr Farr, „ich werde heute im Stalle auch mal mit sprengeln, und dann wollen wir alles dem Herrn überlassen." „Najach", maint Beeter, „geschaade kannz j nitt."

Noom värrtl Joore trifft Beeter daen Farrn im Därfe. „Na, wie geht's, Herr Lendeckel?" freeget dr Farr. „Oh, Härr Farr, ß Schprängeln hätt priima gehullfn, d Kuu träät, d Suu äßß zugekummn, d zwai Schoofe hann Laemmerchn gekräyjen un ich klauwe minn Annchn hätt ae enn Schpriddzer mett oabgekräyjn."

Ne Kwidtunk färr d Schwoarzoarwait

Schwoarze Ärrna worr zeemlich bijn Maenndern bekannt. Jednfallz ässeß nitt uußgeblämmn, daßßeß enneß Daageß innegung. Wii nunn daer Klaine gedauft waere sullte, ässeß zum Aanmaelln bijn Farrn gegenn. „Wie soll denn der Kleine heißen?", fruug dr Farr. „Schorklepele, Härr Farr!", koom d Andworrt. „O, den Namen gibt es aber im Heiligenkalender nicht. Aber ich nehme an, dass Sie Ihrem Kinde die Namen von vier Heiligen in einem zusammengeführt geben möchten." „Najach, Härr Farr, ich waiß j nitt, aebb dii hailich sinn." „Doch, doch, Georg, beziehungsweise Schorsch, Klemens, Peter und Leander, das waren schon heilige Männer. Und sicher sind dies auch die Namen von den Paten Ihres Jungen?" Druffe Ärrna: „Imme Hämmelzwilln, Härr Farr, dee siid do nitt goanz im Bille. Dann eeßdenz worrnz nitt veere, sonnern blooß drijje. Un zwaitenz kenne ich daen eere Noamn äbberhaubt nitt!" „Wie soll ich das verstehen, Frau Schwarze?" „Ich wällz uchch sae: ß worrn j minne Hanntwaerker, dii ich uff disse Wiise bezaalt haa, naemmlich dr Schornschtainfaejer, dr Klemmbner un dr Ellektrikker! Un sozesaen oalz Kwidtunk gae ich daem Jungn dissn Noamn! Un äbberijenz,

Härr Farr, ich haiße Müller. Schwoarze äßß minn Oonoame. Waejen daer Schwoarzoarwait nennn se mich im Därfe so. "

D raine Woorhait

Friejer, wänn im Därfe mool Firmunk worr, do worrte dr Bischoof immer scheene bekrießt. S goanze Därf worr mett Girrlanndn un Faann geschmikket, un d Kärmeßßborschn hann daen Bischoof värrm Därfe oabgelanget un biß värr d Kärchn gebroocht. Boole ß goanze Därf hotte sich do inngefunngn. ß klaine Seefchn, vunn ungerm Doore Frannz, hätt daem Bischoof uff Hoochdidtsch enn scheeneß Gedichchde uffgesaet un daem Bischoof druffe enn Blummnschtruuß gegaenn. Daer fraijete sich seer un freeget Seefchn: „Oh, wo hast du denn diese schönen Blumen her?" Brommt saeteß färrne: „Je-iich, - dii sinn ußß Dannte Dortchn sinnm Hoowe!"

D värrhaekßdn Fikkel

Värr veeln, veeln Joorn gunk Bartel vunn Aefaelle hänn noo Klooßder Annroode un wull sich doo n baar Fikkel loange. Haer noom daen Sakk unger d Orme un gunk looß. Vronnika, sinne Oolsche, saete färrne: „Bränngeßd abber n baar Borrkß, daß me noochtern nitt d Schniiderij nachch hann!" Druffe Bartel: „Ich wäll mool sij, wiiß äßß, machchß guud!"

Wii Bartel noo Biddschtedt koom, doochte haer, oach, enn niechderner Männsche hätt klauwe kenn Klikke, du mußßt eeßd mool enn trinnke. „Guudn Morjn, Vettr Jossepp!", saet haer, wiije inne Gaßßdschtomm rinnkoom. „Guudn Morjn, Bartel! Woo witt du daenn schonn sa friej hänn?" „Gaed mich eeßdmool n Schnabbß. Jou, ich wäll mich naemmlich n baar Fikkel loange, un ich haa gehoort, daßße inn Annroode sa scheene Dingerchn hann." Druffe trannke sinnn Schnabbß uuß, bezaalte, un gunk hänn noo daem Klooßder.

Wiije dann uffm Wärrtschafftzhoobe aankoom, do koom aemm kraade daer Värrwoallter entgaejen. Bartel fruugne: „Haad dee daenn Fikkel?" „Oh ja! Wir haben genug zur Auswahl. Kommen Sie, und sehen Sie sich die Tiere an, wir haben sehr schöne Schweine, die sind auch schon geschnitten." Un wii Bartel nunn d Fikkel sogg, doo gefulln se aemm, un haer siechte sich zwai scheene uuß. Noodaem se sich äbber daen Braiß ainich worrn, gunk haer meet innz Konntoor zum Bezaaln. Ungerdaeßßn schtukkde daer Futterknaechd dii Fikkel innen Sakk. Bartel kimmet un gidd aemm zwai Drijer Trinnkgaelld, hukkde sinne Fikkel uff, un machchte sich freelich uffn Haimwaeg.

Wiije doo nunn wärre in Biddschtedt worr, doochte haer, oach, daer Hanndl äßß guud un flott gelaufn, doo kannßt de ae enn getrinnke. Haer schtoolte d Fikkel uffn Hußßeern, gett inne Gaßßdschtomm ninn un schprichcht: „Vettr Jossepp, gaed mich dachch jeddzt mool nenn krooßn Schnabbß!" Un Bartel värrzoolte daem Wärrte nunn daen goanzn Haergannk vunn daem Hanndl un värroallm vunn daer scheenn Sorrtn Schwiine.

Unger daer Ziit hotte daer Wärrtzjunge d Fikkel ußßem Sakk geschottet un dofeer n baar klaine Hunne rinngeschtukket. Noodaem Bartel bezaalt hotte, hukkde haer sich daen Fikkelsakk uff un gunk Richdunk Aefaelle.

Vronnika sogg ne schonn vunn wiidem kumme, un se schtoolte aemm schnaelle d Sobpn uffn Disch, doomett haer ae glichch woaßß gegaeßße kinne, wailz j ae n bißßjen schpeete geworrn woar. Se worr schonn goanz ribbelich un fruug ne: „Zu, Bartel, nunn schprichch, häßße daenn ae zwai scheene Dingerchn gekräyjen?" „Jou, zwai scheene Borrkß!" Nunn bung haer daen Sakk uff un schott d Fikkel inne Schtommn. Do kraisch Vronnika looß: „Imme Gotteßjeesuwilln, dißß sinn dachch klaine Hunne un kenne Fikkel!" Bartel hotte sich sa värrfeert, daß am oalle Knochchn im Liibe schlakkertn. Haer schledd n krooßeß Kriddze un schprichcht: „Dii sinn värrhaekßd! Schnaell, faßß mett zu, un schtikke dii Dinger innn Sakk!" Wii d Hunne baide im Sakke worrn, doo hull haer schnaell zu, schwännkete daen Sakk drijmool hänn un haer un schprooch: „In Gotteß Noamn hänn, in Gotteß Noamn haer, ß sinn Fikkel gewaen un munn ae wärre Fikkel waere!" Druffe machcht haer n Sakk uff, gukket rinn, abber ß worrn immer nachch Hunne drinne. Bartel värrsiechtz zum zwaitnmoole daßsaelbe, un wii ae daß nitt hullf, nachch ß drettemool. Abber wii haer ae innn Sakk gukkte, ß worrn un blämmn Hunne.

Korzerhannt hukkde haer sich daen Sakk wärre uff un traabete oone Mettaaßbrood zrikke wo e värrhaer haergekummn worr. Enne Wuut hotte haer im Ballje, daßße daen Värrwoallter mett sinnm Knootnschtokke daen Bukkl blou un gaele schloo wäll, wänne hänn kimmet.

Daer Waeg un sinn goanzer Aerjer hottn Bartel sa meetgenummn, daßße in Biddschtedt oone krooße Lußßd dachch wärre inne Wärrtschafft innkeerte. Haer luug daen Sakk hänn uffn Hußßeern un gunk inne Gaßßdschtomm rinn. „Vettr Jossepp, gaed mich dachch nachchmool n aanschtännijn

Schnabbß!" Daen kippte haer sa schnaell runger, daß daer Wärrt sich hellsch wunnerte un mainte: „Na, Bartel, ich klaube du häßßd hidde krooßn Aerjer?" Bartel gukkte ne krooß un zeemlich loange aan, saete abber nischt un bezaalte.

In daer Ziit, wo Bartel inner Gaßßdschtomm worr, imme sich vunn daem goanzn Schrekkn z ärrhooln, do schett daer Wärrtzjunge dii Hunne ußßem Sakke un schtukkde d Fikkel wärre rinn.

Bartel fielte sich nunn wärre schtoark, hukkde sich daen Sakk uff und machchte sich uffn Waeg hänn noo Annroode. Wiije dann uffm Klooßderhoobe aankoom un daen Värrwoallter sogg, do koom aemm d goanze Wuut sa richdich hooch un haer kreelte looß: „Dee Hoallzoabschniider, dee Beschißßer, dee haad mich schtatt Fikkel Hunne innen Sakk geschtukket! Ich värrklaa uchch bijm Schtoadzannwallt! Dr Deijwel säll uchch loange, wänn ich minne Fikkel nitt krijje, dii ich bezaalt haa! Un daem Schpiddzbuumn, daer se mich rinngeschtukket hätt, daem haa ich ae nachch zwai Drijer Trinnkgaelld gegaenn!"

Daer Värrwoallter hätt oalln Aernßteß dii Sachche beschtränn un sich Bartelz Ufftritt värrbonn. Do schett Bartel gaißdeßgaejenwärrtich aemm daen Sakk veer d Fieße uuß un schprichcht dobij: „Sa, doo sijt dachch saelbert, woaßß im Sakke äßß!" Un schonn luufn d Fikkel kwikklewaendich immehaer. Bartel, dodaal värrdattert, schnappte sich d Fikkel, schtukkde se innen Sakk un machchte sich uff dr Schteede uff un dovuune. Ne Innkeer in Biddschtedt koom färrne nitt mee infrooge, un ae anne Haekßerij hätte nitt me geklauwet.

Enn dummer Gennsehärrte

Dr Kaplaan vunn Boortloff mutte innz Napperdärf Willbich zum Maeßßehooln. Wärre uffm Haimwaeje troof haer Hainrich, daen Gennsehärrtn. Haer bläbb schteene un schprooch mett Hainrich äbber dißß un daß. Abber Hainrich worr nitt guud uffgelääd. Haer kneeterte un sabbelte sich woaßß innn Boort, waile an dissm Daage nachch kenn Schlikkchn Branntewiin zu sich genummn hotte. Dißß märkete dr Kaplaan un gobb aemm enn Sillwerkroschn, domette sichn Branntewiin gelange kunnte. Hainrich schprichcht färrn Kaplaan: „Do muut dee abber soloange bijn Gennsn bliiwe un uffbaßße!" Druffe gobb haer m Kaplaan daen Hiedeschtokk inne Hannt un saete färr ne: „Siddzt uchch soloange hii uffn Hukkel un hoolt daen Schtokk immer scheene noo ungne, abber jo nitt noo oomn. Daenn wänn dee daen Schtokk noo oomne hoolt, do genn uchch d Gennse därch!" „Gee nuur hänn, Hainrich, ich baßße schonn uff!"

Vuller Fraide gunk Hainrich nunn noo Willbich, imme sich daen Branntewiin z langn. Wii dr Kaplaan sogg, daß Hainrich wärre koom, do schwännkete haer daen Hiedeschtokk dachch mool korz hooch, imme z sijn, woaßß d Gennse dann machchn. Un richdich, kaum hotte dr Kaplaan daen Schtokk aangehoomn, doo floggn d Gennse ae schonn waegg. Hainrich schluug baide Hännge an sinn Kopp un waetterte schonn vunn wiidem un kreelte: „Allo hiet! Allo hiet!", imme d Gennse zerikke ze hooln. Abber disse schteertn sich nitt draane un floggn witter. Zum Kaplaan worrte haer hellsch beese un saete: „Haa ichß mich dachch glichch gedoocht, daß dee veele ze dumm zum Gennsehiedn siid!"

FKK inner Leemkruumn

Im Härbeßte worrß mool, in Bewerschtedt, do zogg Eddmund, dr Schaefer, mett daen Schoofn äbber enn krooßeß oabgeaernteteß Hawwerfaelld. Naemnaan worrn se am Katuffluußmachchn. D Wiiweßlidde hottn krait oalleß därchgeraatscht, woaßß sa im Därfe baßßeert worr. Do koom een Eddmund kraade raecht, wail daer j ae veele wußßte un zum Värrzeeln immer woaßß uff Loager hotte. Wiije nunn sa uff Hejje vunn daen Wiiweßliddn koomn, do fungse aan, een mett Froogn z lechchern: „Na Eddmund, wii wärrd daenn ß Waettr? Häßßdeß daenn naachtz ae hebbsch woarme in dirr Schaeferhidtn? Woaßß giddz daenn Nuuweß? Zu, schprichchß unz dachch!" Eddmund fung aan un värrzoolte, dachch haer kunnte j nitt schtee gebliiwe, wail d Schoofe j witterzoggn.

Nunn, Eddmund hotte ne Gaabe, d Lidde nijgiirich z machchn. Wiije am Änge vumm Faelle d Schoofe gedreet hotte un wärre bij daen Wiiweßliddn värrbij koom, do gunk d Froogerij glichch wärre looß. „Zu, Eddmund, nunn schprichch dachch, woaßß looß äßß!" Eddmund abber gunk Schreedchn värr Schreedchn witter, oone woaßß ze saen. „Sa enn schtuurer Batroon, daß äßß j kaum zum Ußßhooln", bretteltn d Wiiweßlidde. Un wii Eddmund n goanzeß Schtikke an een värrbij worr, do dreete haer sich rimme un riif: „Geßdern haa ich inner Leemkruumn zwai Nakkete gesijn! Saet dißß abber nitt witter!" Wii vumm Bliddz getroffn hoortn d Wiiweßlidde mett Katuffllaesn uff un schtorjetn goanz uffgeräät: „Woaßß hätte gesaet, schplitternakket, in Gotteß fraijer Natuur? Daß äßß j hämmelschraijend, ne Doodsinne!"

Mittlerwiile do hotte Eddmund mett sinn Schoofn wärre gewännget un koom zrikke. Junge, do gunkß abber looß: „Eddmund, schprichch, dii hottn woll goarnischt aane? Nitt enn Fiddzelchen? Un du häßßt se saelwer gesijn?" „Jou, mett minnm Färnklaase hii!", schprooche. Enne aeldere Frau kraisch looß: „Sollche Schwiine! Wänn daß dr Farr heert, do giddz abber enn Dunnderwaetter inner naechßtn Präddicht!"

D Wiiweßlidde worrn nunn sa jukkich geworrn, daßße räwwer bij Eddmund gelaufn sinn un fruugn een wii ußß ennm Muule: „Nunn, Eddmund, nunn saegg unz dachch schonn, waer dii baidn worrn, mee saen ae nischt witter." „Nae, nae, daß kann ich uchch nitt gesae." „Zu dachch, Eddmund, sigg dachch nitt sa värrschwejjen!" Dachch haer schettelte sinn Kopp un gunk schnaell hinger daen Schoofn haer. „Sa enn schtuurer Sakk!", mainte enne. Un ne annere saete: „Daß daer sa dichchde hellt, hätt ich nii gedoocht. Abber me gaenn nachch nitt uff, schliißlich mußße j wärre hii zrikke kumme."

Inzwischn worr Eddmund wärre ungne am Lanne aangekummn. Haer hotte sinn Kiddzl anner Unruuwe daer Wiiweßlidde un bläbb oabsichdlich ne goanze Wiiln laenger ungne am Faelldranne schteene. Dachch kaum soggn se, daßße wärre zrikke koom, schtelltn se sich aemm innn Waeg un witter gunk d Baettellij: „Oach Eddmund, nunn saegg unz dachch imme Gotteßwilln, waer dii baidn Nakkdischn inner Leemkruumn worrn, dii du gesijn häßßt. Du kannßt dich druff värrlooße, mee saen nischt witter!"

Eddmund tremmelte un tremmelte, värrzogg sinn Muul, oalz mitte haer goanz, goanz guud äbberlää, raißberte sich drijmool un saete: „Abber dee därft imme Hämmelzwilln nischt dovuune wittersae!" Se schetteltn oallemann d Keppe un eere gehoomnnen Hänge un wii ußß ennem Muule värrschproochn se aemm: „Nae, nae, Eddmund, mee värrzeeln daß nitt witter! Du kannßt dich druff värrlooße!" Eddmund langete goanz diif Lufft un schprooch: „Na guud, ich wällz uchch jeddzt värrroode: ß worrn – zwai Fresche!"

D Bichchte im Kornhaufn

Bärrtolld worrn ooler Junkgeselle, un haer woonte mett Baerbechn, sinner aeldern Schwaeßder, oallaine uffm Ieber. Im Summer worrnse zesammn im Faelle un hann Korn oabgemachchd. Se hottn krait d Hellfde runger un dii Bingel ae hebbsch inner Rijn uffgeschtoolt. Mett ennemmool zogg n schtarkeß Gewitter uff. Eß bliddzde un dunnderte annanderwaegg, un daer Raen floßß pleddzlich in Schtreemn vumm Hämmel. Bij dissm Waettr kunntn se j nitt mee ennhaime, un imme nitt sakkenaßß z waern, kroffn se schnaell innen Kornhaufn rinn. ß Gewitter doowete, oalz ginge glichch d Waellt unger, un Baerbechn kräggß mett dr Angeßd z duun un jammerte: „O du liiwer Gott, wänn unz jeddzt dr Bliddz doodschledd, un mee hann nitt gebichchdet?!" Druffe schprichcht Bärrtolld färrß: „Wänne mainßt, kumme jo err bijm annern gebichchte, un dann kannz gekumme wiiß wäll." Baerbechn worr safurrt domeet innvärrschtenn, machchte ß Kriddze un bichchdete oalle sinne Schanndaatn. Waejen daem luudn Dunndern kreelteß Bärrtolld inn sinn Oor: „Ich haa drijmool luude gefluucht, ennmool haa ich haimlich annem Frijdaage ittl n Schtikke Woßßt gegaeßßn, manchmool ae ß Baedn värrgaeßßn un minnen Bruudr Bärrtolld birr Napperschafft ae manchmool schlaechd gemachchd. Dißß sinn oalle minne Sinndn, un jeddzt bißßt du draane!" Bärrtolld schobb abber eeßdmool n Kornbingel anne Hallmn, gukkte ruuß un saete färr Baerbechn: „Oach, ß äßß nitt mee needich, daß ich bichchte, ß Gewitter värrzitt sich kraade. Dinne Schanndaatn, dii waiß ich jeddzt eeßdmool, un dinne Schlaewwerschnuußtn, dii wäll ich dich ae woll nachch schtoppe."

Enn Wunner noo daer Bichchte

Schlachchderß Krißdoffl un Lissebettchn hottn nitt gefrijjet un hottn deßwaejen eern Hußßhoolt oalz Bruudr un Schwaeßder zesammn. Haer zogg vumm Friejoore biß innen Härbeßt oalz Wullnkaemmer looß, un eß bläbb drhaime un ärrnäärte sich vunn daem, woaßßeß sich zesammnbaettelte.

Nunn worrn se baide schonn raecht oold geworrn. Un wii nunn Krißdoffl mool wärre vunner Kammduur haim koom, fung haer Lissebettchn krank im Bette lääne. ß wull un wull goarnitt mett aemm beßßer waere. In enner Naacht do riifß Krißdoffl bij sich un klaate: „Krißdoffl, ich mußß schtaerbe, ich mußß schtaerbe! Du mußßt mich schnaelle n Farrn loange!" Haer ruuß ußßem Bette, inne Hoosn rinn un schonn worre anner Hußßdeer. Do jammerte Lissebettchn luude looß: „Krißdoffl, nimm mich dachch glichch meet hänn bijn Farrn, daenn ee d bij aemm bißd, doo bänn ich krait dood!" Krißdoffl äbberlääte nitt loange, langte ß Raeff haer, bakkde Lissebettchn druff un oab gunkß bijn Farrn. Un oalz haer mett sirr Laßßd anner Lingn worr, funk Lissebettchn wärre aan z jammern: „Krißdoffl, ß gett nitt mee, ß äßß mett mich am Leddzdn. Kannzde mich daenn nitt d Bichchte oabgenaeme un

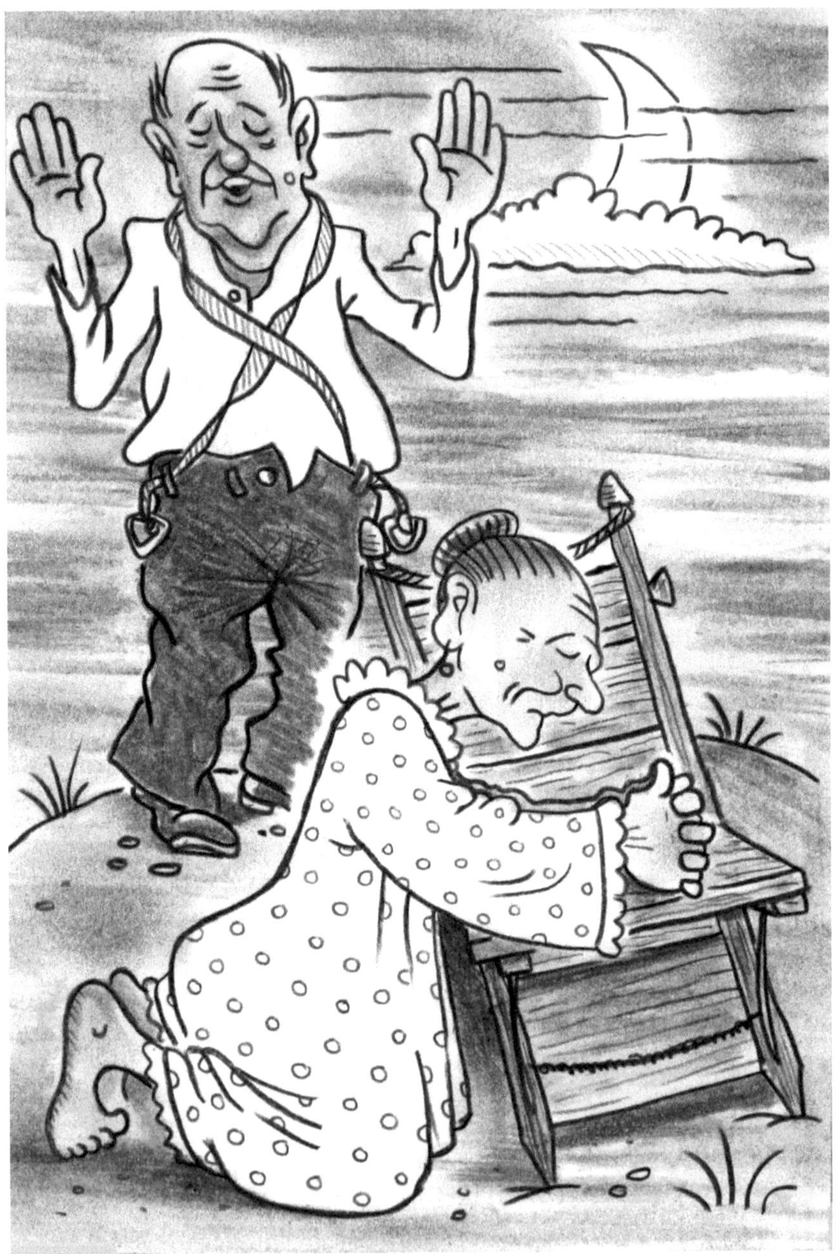

mich d Oabseluddzijoon gegae?" Krißdoffl kunnte nunn nitt mee annerte. Haer schtoolte sinn Raeff uff d Schtrooßn, machchte d Traagebaenndr oab un luug se oalz Schtoola immen Hoallz. Lissebettchn kniite sich färrne hänn un wullte aemm nunn sinne Sinnn bichchte. Abber eeje eß aanfung saet Krißdoffl färrß: „Minn Raeff äßß dr Bichchtschtuul, minne Traagebaenndr sinn d Schtoola, un ich siddze hii an Gotteß Schtatt! Nunn kannßte in Deemut un Roije gebichchte!" Lissebettchn hotte abber witter nischt uußgefraeßßn, oalz vunn ennm Schtikke Schpaekk, wasseß vunner Ammdtmannschn gekräyjen hotte, un wovuune eß m Krißdoffl nischt oabgegaenn hotte. Un eß wußßte genau, daß sinn Bruudr färr sinn Laemn gaerne Schpaekk ooß. Wii nunn Krißdoffl daß hoorte, schprung haer vunn sinnm Bichchtschtuule uff un kreelte: „Lissebettchn, seeße ich nitt hii an Gotteß Schtatt, ich nämme jeddzd minne Schtoola un hiiwe dich wingelwaich!" Wii Lissebettchn nunn daen Krißdoffl sa beese schpaeggdaakln sogg, do fungß aan z jammern: „Krißdoffl, ich duggß im Laemn nitt wärre un aeßße n Schpaekk färr mich oallaine!" Un wiin Wunner, därch sinne krooße Angeßd, worrß uff dr Schteede wärre gesunnt. Se hooktn sich baide unger un gungn schtille hännhaime.

Faelzinndunk

Valltn worr Uußklingeler un Klekkner vunn Haitn,
Un schteetz diinßtaifrich, wiiß gobb kennen zwaitn.
Haer machcht akkeraat woaßß dr Schullze un d Lidde wunn,
Wail, daßße fuule wärre, se nitt vunn aemm dännke sunn.

ß Wärrtzhußß äßß schonn loange maroode un brichcht boole inn,
Dräbber sinn d Lidde ängßdlich, un genn nitt mee rinn.

D Gemainde wäll buuwe, dachch daß kann se nitt,
Se äßß nitt inner Loage, daenn ß Gaelld hannse nitt.

Dr Schullze hätt effder im Schpaaß mool gekwakkelt:
„Nuur ennz kinnte unz gerette, wännz mool waer oabfakkelt.
ß äßß hooch värrsichchert, un me kräyjn scheeneß Gaelld,
Kinntn dofeer n nuuweß gebuuwe, un daer Schaadn wärre
Vunner Waellt.“

Valltn dännket: Na, woorte, daß wärre j woaßß färr mich,
Ich waere daem Schullzn sinn Wunsch ärrfille glichch,
Un kerr dännket, daß ich kinnte sowoaß färrtichgebrännge,
Daenn uff mich fellt kenn Värrdoocht jemoolz, am Änge.

Uff Ooßdern worrß, wo d Lidde oalle inner Kärchn gewaen sinn,
Do laift de bijß Wärrtzhußß, schtikket schnaell aan d Schinn,
Koom korz druff zerikke, wo kraad d Maeßßn worr uuß,
Schledd aan d Klokkn, un d Lidde schtärzdn zur Kärchn ruuß.

Druff lutte haer Schtorm, un im saelmn Momännt
Do kreeltn oalle Lidde luude: „Fijrijoo! Fijrijoo! Schnaelle, eß brännt!“
Dachch nirjenz soggn seß kwallme, ae nittmool nenn Fijerschiin.
Se riefn zu Valltn: „Woaßß fellt dich daenn blooß inn?

Woaßß sällz daenn bediide, ß brännt j goarnitt hii!“
„Gedulld!“, schprichcht d, „Abber glichch kammeß gesij!“
Un wii se ne witter froogn: „Saegg Valltn, wo bränntz daenn blooß?“
Do mainte: „De waerdetz schonn nachch sij, daenn glichch
Gettz beschtimmt looß!“

Dachch knapp noo enner guudn värrtl Schtunne
Machchte bij daen Liddn enne Aanunk d Runne,
Wail Valltn sich hingerß Härzjeesu värrkrochch
Un vunn enner meggelichn Faelzinndunk schprooch.

De nuuwe Schpriddzn

Värr veeln Joorn hottn se inner Lutter zur glichchn Ziit ne nuuwe Kärchnorjel un färr d Fijerweer ne nuuwe Schpriddzn aangeschafft. Wail abber d Kärchn nachch nitt sawiit färrtich worr, daßße de Orjel do uffgeschtelle kunntn, do hannse disse soloange innz Schpriddznhußß naemn d Schpiddzn geschtoolt. Domoolz worrtn Orjel un Schpriddzn nachch mettm Krikkl gedreet. Jednfallz ässeß dann baßßeert, daßßeß mittn inner Naacht enn Fijerallarm gobb. Jaejermichlz Jossepp luuf meet dr Träätn därchß Därf un kreelte: „Fijer! Fijer! In Kallnaeber bränntz! Mee sunn ae no Kallnaeber kumme!"

D Maenndr schtärzdn oalle innz Schpriddznhußß, daenn se wulltn sich j nunn ae mett daer nuumn Schpriddzn bijn Kallnaeberschn sij looße. Schnaelle luudn se daß Dink uffn Waan un fuurn im Kallopp looß. Waejen daer krooßn Dunklhait muttn se hellsch uffbaßße, daßße nitt vumm Waeje oabkoomn odder eenen d Schpiddzn, waejen daer schtikkeln un mett veeln Schtainn äbberseetn Schtaijer, nitt vumm Waane full. Wii se nunn am Brannthaerde worrn, hann se ae glichch daen Krikkl draangeschtukket un schnaell gedreet. Abber daß Dink krächde nitt daen richdijen Drukk. Eeßd, wii se nachchmool schnaeller gedreet hottn, fung eß aan un schpeelte ß Liid: Liebster Jesus, wir sind hier! Jou, doo hottn se dachch bij daer Dunklhait un in daer Uffrägunk anschtatt daer Schpriddzn d Orjel uffgeladd.

Ne värrhängnißßvulle Fijerweeriebunk

ß worr klauwe ninnznhunndertfuchchzich, do hätt d luttersche Fijerweer am Bakkße runger ne Iebunk gemachchd. ß worr Sunnoobed, un ich sullte im Bakkße Mällch loange. Wii mich Irrmchn, Keelerfrannz sinne Schwaeßder, di worr domoolz nachch nitt Nonne, d Mällch inne Kanne gemachchd hotte, bänn ich ruuß un sogg, wii d Fijerweer sich färr d Iebunk zeraechte machchte. Daß mußßde dich aangukke, doochte ich, un haa mich mett mirr Mällchkannn uff dr Schtrooßn anne Hallmn geschtoolt.

Branntmaißder worr domoolz Ingermillerß Krißdoff. Wii daer nunn luude ß Kommando gobb, do gunkß looß, abber d Schpriddzn schprang nitt glichch aan. Eeßd, wii se d Zinndkärzn zwaimool gewaeßßelt hottn, knaetterte d Schpriddzn luude looß. Druffe kreelte err: „Woaßßer! Marsch!", un schonn koomß im hooen Boogn ußßem Schtraalroore ruuß.

Wail domoolz nachchn Goortn do worr, wo ß Kunnsumm dann hännkoom, hotte ich mich gaejenräwwer naemn daen Beernbaum am Fließwoaßßer geschtoolt. Sa schtunn ich nitt wiid vunn Fittererß Karrel un Hinndermundz Allwert, die vorne ß Schtraalroor hulln. Jednfallz hann disse baidn ß Roor mool korz räwwer noom Fließwoaßßer gelänket un mich faßßt vull uffß Korn genummn. Imme enn Hoor wärre ich längelang hänngefloggn. D Mällchkannn jednfallz flogg im hooen Boogn waegg, zum Klikke nitt innz Fließwoaßßer, abber d Mällch luuf mettm Schpriddzwoaßßer dohänn, un ich worr sakkenaßß. D Fijerweerlidde hottn eern Kiddzl un lachchtn luude, ae dii annern Kinner schetteltn sich värr Lachchn, aebbwoll ainije dovuune ae ne Mänge Mällch- un

Woaßßerschpriddzer oabgekräyjn hotten. Un woaßß mich dann dahaime ärrwoortet hätt, dodräwwer wäll ich libber schwaige.

D Guudmietijn hätt Gott liib

ß worr ninnznhunndertaachtunsaechzich. Beeter oarwaitete domoolz birr Buuchunkßschtattzijoon vumm Kraißlanndwärrtschafftzrood inner Schtaadt. Haer hotte d Uffgaabe, d LPGß bij daer maschinelln Oabraechnunk zu ungerschtiddzn. So mutte haer ae mool no Flinnzbaerk bij d LPG *Fraije Scholle*. Haer schtegg uff sinn Diinßdmoobedd *Schpaddz* un fuur äwwerß Faerdebachchdaal no Flinnzbaerk. Ungerwaejenz koom aemm enn LKW vunner VEAB[1] entgaejen, daer enn zeemlicheß Dämmpo druffe hotte un daem haer ae uußwaiche mutte. Wiije dann enn Schtikke witter imme d Kurrmn koom, sogg haer, daß ne krooße Hollzkißdn sa hallb uff dr Schtrooßn luug. Haer hull aan un sogg, daß d Kißdn dikke vull Aijer worr. Daer Dekkl dovuune worr uffgeschprungn un enn gaeler Aijerschtroom luuf vunner Schtrooßn innen Schosseekraamn. Abber veele Aijer worrn ae sa scheene innz Kraaß gefalln, daßße nitt kabudt worrn. Beeter schtallte sinn Moobedd anne Hallmn un do koom kraade nachch err

---

mettm Modtoorrade. Dissn hull haer aan, daßße aemm haellfe sullte, d schwere Aijerkißdn anne Hallmn z dinnsn. Daer Mann hätt safurrt meet aangebakket un ae gehullfn, dii nachch goanzn Aijer innz Kraaß z lään. Wii nunn daer kreßßde Dail geschafft worr, mainte Beeter färr daen Fremmetn, haer säll wittermachche un haer saelwer mißße sowiisoo bij d LPG no Flinnzbaerk un do wälle ae glich d VEAB aanruufe, daßße kumme sunn, imme dii värrloorne Kißdn mett daen nachch goanzn Aijern z langn.

Noodaem Beeter d VEAB värrschtännicht un ae sinne Uffgaabe inner LPG ärrfullt hotte, äßße uffm Haimwaeje äwwer Lutter bij sinne Schwejjerlidde värrbijgefaarn. Dissn hätte natierlich daen goanzn Veergannk värrzoolt. Druffe hätt ne sinne Schwejjermudtr gefrooget, aebb haer sich wännigßdenz ae enn baar Aijer färr sinne Famillje uffgelaesn un inngebakket hätt. „Nää, nitt ennz!“, hätte do gesaet. Sinne Schwejjermudtr mainte druffe färr een, aebb se daenn sa guud laemn, daßße uff ne Aijermoolziit värrzichchde kinntn. ß wärre dachch ae kenne Sinne, wänne sich wännigßdenz färr jedn ennz meetgenummn hette. Schliißlich mainte se färr een: „Daß enne wäll ich dich jeddzt mool sae: Dii Guudmietijn, dii hätt Gott liib, abber se kummn zu nischt!“

Ußßem Dummn kann ae woaßß gewaere

Mett Wärrni worr inner Schuule nitt veele looß. Nii wußßte haer uff ne Frooge vumm Schulleern d richchdije Andworrt. Enneß Daageß reßß daem Schulleer dr Gedulldzfaadn un haer noom sich Wärrni veer: „Weißt du, dass du in der Klasse der Dümmste bist?“ „Jou!“, gobb Wärrni zur Andworrt. „Und wie sieht es bei euch in der Familie aus? Sind deine Geschwister etwa genauso dumm wie du?", wullte daer Schulleer wißße. Druffe Wärrni: „Ich haa nuur enn Bruudr, daer äßß zwellf Joore aelder wii iche, un ß kinnte gesij, daß daer genauso dumm worr wii iche." „So, so, genau so dumm? Was hat er denn da für einen Beruf gefunden?" Do schtunn Wärrni uff un mainte vuller Schtollz: „Daer äßß Schulleer! Härr Schulleer! Do kunnte dee mool gesij, daß ußßem Dummn j ae nachch woaßß gewaere kann!"

Keppchn, Keppchn mußßme haa

Fittererß Allwiiß gunk schonn enne goanze Wiile uffn Hannel. Mett Knibpn, Zwärrn, Binnfaadn, Beßßdn un Baesn un Schtroomattn hotte haer guude Gescheffde gemachchd un sich scheene woaßß geschpoart. Abber sa eewich ungerwaejenz bliiwe, dißß koom färr een nitt infrooge. Noodaem haer Maijerijß Annekreet gefrijjet hotte, gunge hänn bij sinn Voatr un luuß sich sinn Ärbdail uußbezaale, daenn haer wullte inner Schtaadt enn Gescheffde färr Hußßhooltzwoarn uffmachche. Dißß gunk ae oalleß goanz guud, un sinn Gescheffde luuf. Nuur märkete haer, daßßeß Lidde gobb, dii sich vunn daen Woarn woaßß innkiipetn, oone disse zu bezaaln. Abber haer fung kenne Leesunk, wii haer d Klemmerij värrhinndere kinnte.

Wii nunn Annekreet enneß Daageß maechdich innegung, do mutte haer enne Värrkaiferin innschtelle. Wii dii nunn kaum ne Wochchn do worr, do märkete haer, daß d Lidde nischt mee haimlich innkiipetn. Do koom ae sinn Voatr mool innz Gescheffde un gukkete sich oalleß genau aan. Wii se nunn oobedz bijm Naachtbroode suußn, do mainte sinn Voatr: „Heer zu, Allwiiß, daß äßß j oalleß goanz scheene in dinnm Gescheffde, abber eß wärre dachch beßßer, wänne dich enne annere Värrkaiferin innschtellzt. ß machcht dachch kennn guudn Inndrukk, wänne enne im Loadn häßßt, dii sa schiilt! D Lidde dännkn dann villichchte sißßt woaßß vunn dich!“ Druffe Allwiiß zu sinnm Voatr: „Sißßt koom mich immer woaßß waegg, abber saitdaem dißß Maechn do äßß, do äßß daß värrbij! Daenn kerr waiß, wooß hänngukket! Un sa truuwet sich kerr mee, woaßß innzekiipn! Keppchn, Keppchn mußß me haa, sißßt kamme inner Schtaadt nischt gewaere!“

Schichdern, abber schlau

Kaßßberß Eegonn hotte n Auge uff Maijerijß Vroonchn geschmeßßn. Abber haer worr sa schichdern, daßße sich nitt truuwete, mett aemm z schtorjn, aebwoll se zesammn inne Schuule gegenn worrn un se ae gaejenäwwer woontn. ß baßßeerte ae, daß, wänn se baide ußßem Doore koomn, daß haer n Schreed zerikke gunk un soloange hinger daer Deer bläbb, biß Vroonchn imme d Ekkn worr.

Värr korzm hotte haer sich vunn sinnm Gaelle enn scheeneß Krammefoon un doozu ae glichch n baar Schallpladtn mett scheenn Liidern gekauft. Do koome ae glichch uff dii Idee, domett uff Vroonchn enn Inndrukk z machchn, woaßß haer vunn aemm wullte. Un sa schtallte haer nunn jedn Oobed ß Krammefoon innz Faenßder un dißß schpeelte dann ß Liid *Waldeslust*. Un sa duurte eß nuur drij Daage un do gungn se krait zsammn imm Hollze schpazeern.

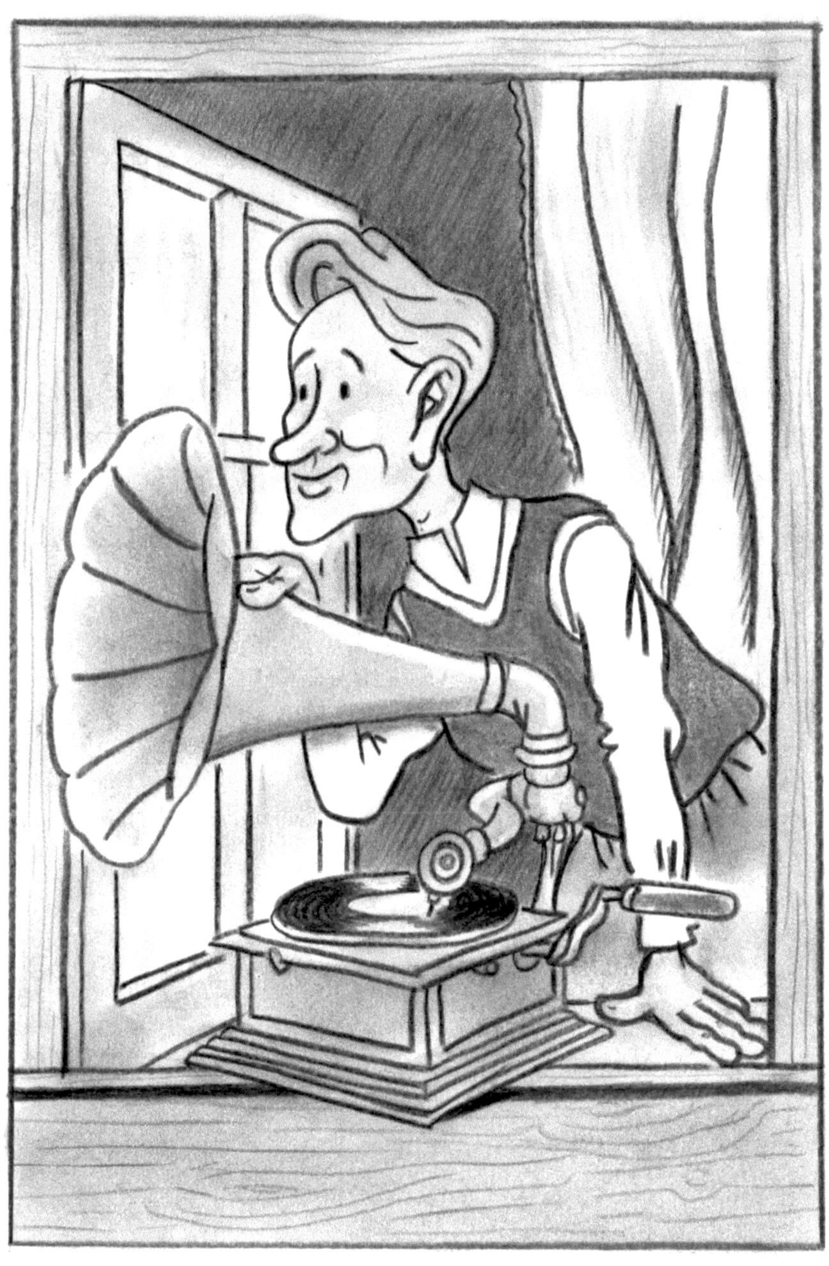

Immer eeßd uußreede looße

Märtenz Hainrich worr enn fliißijer Kärbeschniddzer. Haer machchte nitt nuur d beßßdn Kärbe un hotteß domeet ae zu woaßß gebroocht, haer hotte ae veer hebbsche Maechn, wo d maißdn Buurnjunkß no gukketn un dovuune schwärrmedn. Abber wiiß sa uffm Därfe äßß, kerr vunn dissn Schneesln wull bij ennm vunn daen Maechn aanbißße un eß ae frijje. Villichchte doochdn se, daßße nitt genunnk meet inne Eeje breechdn. Un sa worrß j woll ae, daenn dii veer Maechnz, dii koßßdetn Hainrich schonn ne Schtange Gaelld, sodaßße färr eere Uußschtaijer nitt veele meetgegae kunnte.

Sa koomß, daß Hainrich sinne Maechn meet uffn Dannzbonn genummn hätt. Un daadsächlich, err vunn daen Junkß, Ingermillerß Jaakebbchn, lankte ennz dovuune bij jeder Duur zum Dannze. Hainrich doochte bij sich, najach, wännigßdenz ennz.

Un wii am Sunndaage druff Ingermillerß Jaakebbchn värr dr Deer schtunn, full Hainrich boole ußß oalln Wollkn un fraijete sich, daß een sinne Beoobachdunk uffm Saale nitt gedoischt hotte un ennz vunn sinn Maechn nunn unger d Haube kimmet.

Wii nunn Jaakebbchn aanfung un saete: „Vettr Hainrich, ich kumme mool bij uchch, imme dii Hannt…!" Witter koome nitt, daenn Hainrich ungerbrooch ne: „Hollt! Disse Sachchn wumme abber glichch feßßde oabmachche!" Un Hoallz äbber Kopp schtärzde haer inne Schtommn un koom glichch druff mett daen zwaij aeldeßdn vunn daen Maechnz anner Hannt zerikke un ae dii anner baidn koomn hingerhaer. Goanz ußßer Oddn schprooche: „Hii, häßßde se oalle, Jaakebbchn!"

„Abber", drukkßde Jaakebbchn värrwärrt, „ich haa dachch nitt gesaet…" „daßßde oalle veere haa witt? Nae, nae, nae, daß gett j ae nitt! Siech dich mannd in oaller Ruuwe ennz dovuune uuß! Ich haa j mee Maechn im Huuse wii Kärbe!", schprooch Hainrich. „Abber sa heert mich dachch mool zu, Vettr Hainrich! Ich haa dachch nitt gesaet…" Do koom Hainrich abber hellsch in Raasche un schprooch: „Jaakebbchn, du häßßt dachch gemaint: ich kumme bij dich, imme d Hannt vunn ennm minner Maechnz aanzehooln, daß wullteßt de dachch sae? Nuur kenne Angeßd! Mannd looß! Welcheß witte daenn haa?"

Druffe Jaakebbchn: „Vettr Hainrich, dee haad mich jo nitt uußreede looße. Ich wullte uchch dachch sae, daß ich mool bij uchch kumme, imme d Hanntoarwait bijm Kärbeschniddzn bij uchch z laernn un uchch frooge, aebb dee mich daß bijge-brännge kinntet!"

Do gobbß bij Kärbeschniddzerß abber villichchte loange Ge-sichchder. Saitdaem hätt Märtenz Hainrich oalle jungn Kaerelz, dii uff Frijaate bij een koomn, immer hebbsch uußreede looße.

Wo äßß dii enne Mark geblämmn?

Wii Mannfreed ußß dr Schuule koom, do wußßte sinn Voatr nitt, woaßße mett aemm aanfange sullte. Een bijn Buurn oalz Knaechd schikke, doozu hotte haer kenne Lußßd. Daenn haer saet sich: „Minn Junge säll mool nitt daen Mißßdbuurn d Fuulhait schtärke."

Mannfreed worr mett sinn värrzn Joorn enn uffgewekkder Kaerel. Sinn Voatr worr inner Schtaadt gewaen, un wii se dann oobedz bijm Naachtbroode sooßn, do saete haer: „Mannfreed, häßßde daenn nitt Lußßd, inner Schtaadt inne Leere z genn? Ich haa färr dich enne Schtelln gefungn, wo du innem Gescheffde woaßß gelaerne kannßt." „Jou, worimme daenn nitt? Woaßß ässeß daenn färrn Gescheffde, un woaßß wärrd daenn do värrkauft?", fruug Mannfreed. Druffe sinn Voatr: „Jou, dii hann enn Haufn Krimmßkrammß un ae Faarrädder, un naemnbij hann se nachch ne Waerkschtatt, wo se ae Faarrädder reppariire kunn. Wänne doo guud innschleßßd un woaßß laernßt, daenn krijjeßde zu dinnm Geburrdzdaage ae ennz vunn mich geschänket." Mannfreed worr innvärrschtenn, un gunk nunn inne Schtaadt inne Leere. Jedn Dagg dodd haer sinne Oarwait un haer laernte, woaßße nuur gelaerne kunnte. Haer doochte sich: „Wänn ich mool krooß bänn, wäll ich j ae veele Gaelld värrdiine."

  Enneß Daageß do koomn zwai Mannzlidde innen Loadn un fruugn noom Faarraade. Mannfreed weßß aenn oalle Markn, dii se im Loadn schtee hottn, un haer kunnte oalle Froogn beantworrte, dii dii baidn Mannzlidde aemm schtooltn. ß duurte ne goanze Schtunne, biß sich disse baidn färr ennz entschenn hann. „Dißß koßßdet uchch hunndert Mark!", schprichcht Mannfreed. Dißß hann se anner Kaßßn bezaalt, un gesaet, daß Mannfreed eenen ß Faarraad hännhaimbrännge sullte. Daer Maißder worr mett daem Hanndl vunn Mannfreed seer zefreedn un saete, daßße daen Maenndern waejen daem guudn Gescheffde fimf Mark retuur gae säll.

  Wii Mannfreed nunn uffm Waeje dohänn worr, do koom aemm daer Gedannke, daßßeß j rekket, wänn haer daen baidn Maenndern blooß drij Mark zerikke gidd un zwai Mark färr sich behellt. Dißß hätte dann ae sa gemachchd. Wiije nunn wärre uffm Haimwaeje worr, do hätte sich nachchmool

uußgeraechnet, woaßß d baidn Mannzlidde am Änge bezaalt
hann. Un sa hätte sich daß dann uußgeraechnet: Allso wänn
dii baidn vunn daen hunndert Mark, dii se bezaalt hann,
nunn drije wärre zerikke gekräyjen hann, dann hann se j am
Änge sämmnninnzich Mark nuur bezaalt. Doozu kummn
dann abber nachch dii zwai Mark, dii haer färr sich behooln
hätt, daß sinn dann niinninnzich. Do koome hellsch innz
Schwiddzn, un haer hätt nachch veermool d saelwe Raechnunk
gemachchd, un immer wärre faelte am Änge enne Mark.
Wiije zerikke uff sinner Schtommn worr, hätte safurrt n Zäddl
genummn un oalleß uffgeschrämmn, abber dii enne Mark
worr un bläbb furrt, wiije ae geraechnet hätt.

Un sa kunnt dee uchch jeddzt ae mool n Kopp gemachche,
wo dii enne Mark hänn äßß.

Dißß äßß sinne Raechnunk:
färrß Faarraad hann se bezaalt: 100,00 Mark
anne baidn Mannzlidde zerikke gegaenn: - 3,00 Mark
se hann am Änge bezaalt: 97,00 Mark
doozu kimmet daß, woaßß ich behooln haa: + 2,00 Mark
daß sinn am Änge: 99,00 Mark
sameet faelt am Änge: 1,00 Mark

Dißß gunk mool nitt no sirr Middzn

Disse Geschichtn äßß schonn seer loange haer. Dr Schullze
vunner Lutter domoolz worr enn richchdijer Hoallzoab-
schniider. Haer wußßte immer, wii haer oalle Sachchn färr
sich uußgenuddze kunnte. Ennmool, do äßß aemm dißß abber
nitt geklikket.

Do koom Alltrißdenz Gußdaff bij ne un saete: „Schullze, ß äßß woaßß Schlimmeß baßßeert, daß ich uchch schpraechche mußß, eeje ß Deaatr gidd." Druffe dr Schullze: „Zu, Gußdaff, ziir dich nitt, ich heere." „Jou", drukkßde Gußdaff, „mee baidn hann dachch oomne uffm Haekßnpladdz unse Waidn naemnnannder. Un do äßß dissn Morjn minne Schakke uußgebrochchn un hätt dachch därch daen Zuun vunn uurer Waidn uure guude Simmdaaler mett sinnm Horrne daermooßn innz Auwe getroffn, daßße nunn dood uff dr Waidn lääd. Un eeje dee dißß saelbert innz Auwe naemet, wullte ich uchch sae, daß ich daen Schaadn woll ärrsiddze mußß un frooge, woaßß ich uchch dofeer bezaale mußß."

Dr Schullze krägg aumnplikklich enn fijerriddzeroodn Kopp un brillte luude, wiin Aangeschtochchner looß: „Woaßß? Minne beßßde Mällchkuu? Du bißd woll nitt goanz geschait! Worimme baßßde daenn nitt uff, uff dinne eelänndije oole Kraakn? Ich haa kenne Lußßd, minne beßßdn Kiewe vunn dinnm rammdeesichn Gadderoomnschtaennder hännhäbbele z looßn. Heer zu! Du kaifßt mich uff dr Schteede enne annere guude Kuu un bezaalßd oomne druff zwannzich Mark Schtroofe! Häßßde värrschtenn?!"

Gußdaff mutte sich zesammnrißße, daßße nitt looßlachche mutte, waile dovunn uußgung, daen Schullzn ändlich mool rinngelääd ze hann. Daenn wii nunn dr Schullze mett sirr Schtroofpräddicht färrtich worr, mainte haer färr een: „Schullze, heert mich mool zu! Ich haa mich aemne värrkeert uußgedrukket! Dii goanze Sachchn, dii äßß naemmlich genau annerte rimme! Daenn eß äßß sa, daß nitt minne Kuu uure doodgerannt hätt, sonnern uure Kuu hätt minne doodgerannt! Un ich wärre zefreedn, wänn dee mich minne Kuu sa ärrsiddzt wii ich uure hette ärrsiddze sulln!"

Do koom dr Schullze abber dodaal in Raasche un kreelte: „Woaßß? Minne Kuu hätt dinne immegerammelt? Worimme schtellt sich daenn dinne deddsche Kuu eer ae innen Waeg? Se hette dachch daer Schullznkuu mool ußßem Waeje gee kinne! Abber nä, do bliiwet dinne Oßßnkuu ainfachch schteene, un jeddzt witte vunn mich ne nuuwe haa? Daß deß waißt, disser Schlagg gidd kenn Eel!" Druffe hätt dr Schullze nachch ne goanze Wiile gedoowet un Gußdaff nachch vunn ennm zum annern Oorschlochch gemachchd. Am Änge luuß haer sich nitt ärrwaiche.

Gußdaff gunk Daggß druffe inne Schtaadt uffeß Gerichchde un gobb do oalleß sa aan, wiiß sich uffm Schullznammdte zugetraan hotte. Haer krägg Raecht, un dr Schullze mutte aemm ne nuuwe guude Kuu besorje un oomnedruff ae nachch d Gerichchdzkoßßdn bezaale. D Lidde im Därfe hann sich gefraijet, daß Alltrißdenz Gußdaff daem Schullzn, dissm uffgebloosenen Hoallzoabschniider, mool gewessn hätt, daßßeß nitt immer no sinner Middzn gett.

Vunn nischt kimmet nischt

Kreetchn worr n Joor lank in Schtellunk uff dr Farrij gewaen. Nunn hotteß gefrijjet un mutte daen aijenen Hußßhoolt värrsorje. Un wiiß sa äßß, wämme gefrijjet hätt, do faeltz in oalln Ekkn. Abber Kreetchn hotte birr Farrkechchin gelaernt, wii me guud gewärrtschaffde kann. ß schpoarte äwweroall, wooß nuur gung. Nitt enne Kolln koom aer innz Hußß. Deßwaejen gungß drijmool inner Wochchn innz Hollz un langete sich ne Hukkn scheene därre Knippl.

Wiiß nunn mool wärre mett sonner dikkn Hukkn vumm Hollze uffm Haimwaeje worr, begaente aemm dr Farr, un daer wunnerte sich hellsch, wii Kreetchn sonne krooße schweere Hukkn uffm Bukkel hotte un forsch wii enn Mannzkaerel uußschredd. Dräbber schprooche färrß: „Oh, Gretchen, du bist ja stark wie ein Mann. Mir scheint, daß dir die schwere Last auf deinem Rücken überhaupt nichts ausmacht." „Jou, Härr, Farr!", mainte eß druffe, „Vunn nischt kimmet nischt. Daenn wii ich nachch bij uchch im Huuse worr, do haa ich ae sa mancheß rooe Aij uußgesoffn!"

Woaßß äßß daenn jeddzt?

Willi hotte bijm Schpeeln uff dr Kärmeßße in Kallnaeber mool wärre z diif innz Klaaß gegukket. Uffm Haimwaeje no Lutter schlechch haer sich immer annen Hußßwänngn lank, daenn haer kunnte sich kaum uffn Bainn gehoole. Sinne Gidarrn hotte haer sich linkß ungern Orm geklemmet, un mett dr raechtn Hannt fuchchdelte haer inner Lufft rimme, wänne kenne Hußßwoannd schpierte. Un wiiß dr Deijwel wull, floggn aemm sinne Baine ungerm Hingeßdn waegg oalz haer unger dr Iisenbaanbrikkn worr. D Gidarrn knallte luude uff d Schtrooßn un haer suuß mettm Oorsche genau druffe. Do schettelte haer sinn Kopp un kreelte: „Woaßß äßß daenn jeddzt? Äßß dr Oorsch inner Gidarrn oder d Gidarrn im Oorsch?"

ß Geschbaennßd im eeßdn Kraamn

Friejer hann d Lidde zum Schtraumn färr eer Viizigg offd Laub genummn. ß Schtroo worr een dofeer zu schaade, wail se ß Habberschtroo färr d Bedtn bruchchtn un vunn daem annern Schtroo Schtroozeppe färr Woannn un Fuußmattn machchtn. Im eeßdn un im zwaitn Kraamn im Langdaale inner Lutter schtunn veele krooße Biechn, un deßwaejen gobbß do ae ß maißde un beßßde Laub. Un wänn dann ß Laub full, do worr im Langdaale Hoochbetriib. Dißß worr ae nachch biß n baar Joore noomn zwaitn Waelltkrijje so.

Ungerm Doore Edgar worr zwellf Joore oold un gunk nachch inne Schuule. Mett Hußßuffgaamn hotte haer nischt im Schille, un haer worr froo, wänne Schuule uuß worr un haer sinn Rannzn inne Ekkn geflamme kunnte. Schnaell ooße sinn Mettaaßbrood un schtärzde Hoallz äbber Kopp mettm Bekkelchn vull Sobpn un Katuffl bij sinne baidn Hunne Aßßda un Bobbi. ß worrn Hovawartz, dii jedeßmool zeemlich luude aanschluugn, wänn enn Fremmeter uffn Hobb koom.

Edgar hotte se baide sa dräniirt, daß haer se värr sinne ußßem Kinnerwaan saelwer gebuuwete Saifnkißdn geschpanne kunnte. Domeet äßße boole jedn Dagg im Dämmpo immeß Bakkß un därch d Gaßßn gesännget. D Lidde gungn schonn anne Hallmn, wänn se een vunn Wiidem kumme soggn. ß baßßeerte ae, daß manche Ooln faßßt immegerannt wärrn, wänn Edgar nitt uffgebaßßt hette. Wail sinne Karrn Gummirädder draane hotte, heertn se een nitt kumme.

Edgar äßß enneß Daageß mett daem Geschpanne ae mool innz Langdaal gefaarn, imme därre Baime zum Oabmachchn ze siechn. Haer siechte un siechte, bisseß dunkl worrte un haer nischt mee richdich sogg. Deßwaejen luuße nunn d Hunne ainfach laufe. Wiiß nunn schtikkl baergunger gung, do flogg sinne Kißdn wiin Geschbaennßd dohänn, wail me se waejen daen Gummiräddern j nitt heerte. Mett Karrachcho koome dann annen eeßdn Kraamn.

Wiiß dr Deijwel wullte, koom do kraade Mittlau Kattriinchn mett ner krooßn Hukkn Laub uffm Bukkl ußßem eeßdn Kraamn ruuß un trott uffn Langdaalzwaeg. D Hunne kunntn Edgar mettm Karrn nitt mee inngehoole un faejetn Kattriinchn genau mank d Baine. Dißß luug druffe längelank im Draekke un sinn Raeff flogg im hooen Boogn därch d Lufft un ß goanze Laub flogg uff d Hunne druff. Edgar worr därch daen Uffprall vunn sinner Karrn innen Kraamn gefloggn, un d Hunne doowetn wii värrrikket im Laube rimme. Kattriinchn schprang uff, noom sinne Rokkscheesn inne Hannt, riif imme Hillfe, un rannte wii aangeschtochchn innz Därf runger.

Uff dr Mittlau aangekummn, kreelteß luude: „Hillfe, Hillfe, im eeßdn Kramm do äßßn Geschbaennßd!" Un Kattriinchn värrzoolte nunn oalln, woaßßeß aemne im Langdaale ärrlaewet hotte. Sait dissm Daage truuwete sich kerr mee zum Laub langn innen eeßdn Kraamn, oalle gungn nuur nachch innen zwaitn.

Edgar hotte sich no dissm Veerfalle liise värrdrukket. Wännz kerr sogg, do langete haer im eeßdn Kraamn ß Laub, daenn do luug jeddzt ne goanze Mänge un daß rekkete färr see lange Ziit.

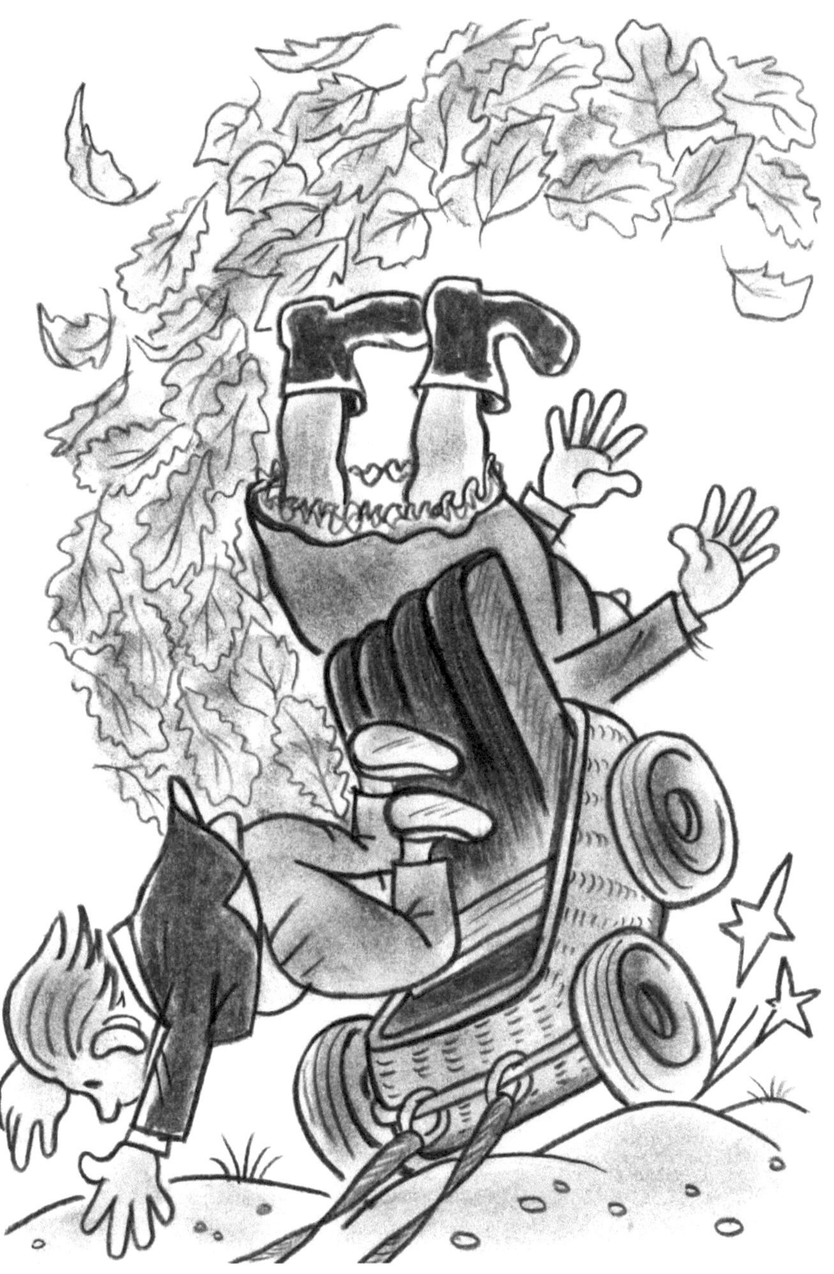

Waer hätt hii bescheßßn?

Ungerm Doore Frannz ooß färr sinn Laemn gaerne Botterwekkn un luuß sich bij Bakkße Hainrich jede Wochchn ennz bakke. Dofeer läwwerte haer jedn Monat veer Funne Botter annen Baekker.

Enneß Daageß gobbß bij ungerm Doore ne krooße Uffrägunk, wail Frannz enne Veerloadunk värrß Gerichchde inner Schtaadt gekräyjen hotte. Haer kunnte sich ainfach nitt veergeschtelle, waer een aangebittelt hotte un värroallm weßßwaejn. Abber woaßß bläbb aemm äbberich, haer mutte dohänn. Haer gunk därchß Schtaadthollz äbbern Blokkßbaerk. Ungerwaejenz koome sa in Raasche, daßße mettm Geeschtokke anne dikke Biechn schluug un looßkreelte: „Zum Dunndrwaettr nachchmool, welcher Kloddzhannz hätt mich daenn dißß inngebrokket?! Abber disse Oßßn kunn sich uff woaßß gefaßßt gemachche!"

Wiije nunn bijm Gerichchde aankoom, do begaente aemm Bakkße Hainrich, un Frannz worr hellsch dodräwwer värrwunndert un fruug ne: „Na, woaßß witt du daenn hii?" Abber Hainrich krinnzde een nuur aan un mainte: „Wärrßt eß schonn sij!" Un baide gungn nunn innen Gerichchdzsaal ninn.

Daer Richchder värrluuß d Aanklaage un forderte daen Baekker Hainrich Gunkel uff, sinne Beschweerdn veerzetraan. Un Hainrich lääte looß: „Jou, Härr Richchder, ungerm Doore Frannz, daer ledd jede Wochchn bij mich enn Botterwekkn bakke un läwwert mich dofeer veer Funne Botter. Nunn haa ich mool d Botter noogewoogn un feßßdegestallt, daßße mich imme enn Funnd Botter bescheßßn hätt. ß worrn naemmlich blooß drij Funne. Un dißß äßß beschtimmet nitt ß eeßdemool gewaen, sonnern daer hätt mich uff disse Oort schonn loange bescheßßn!“

Wii daß ungerm Doore Frannz hoorte, koom haer hellsch inn Dammp, sinn Gesichchde worrte fijerriddzerood un haer pladdzde ruuß: „Du daemischer Lakkl, ich wällz dich wiise, wii du eerliche Lidde rinnlää witt!“ Un nunn lääte haer looß: „Heert mich aan, Härr Richchder, dii Sachche äßß naemmlich sa: Ich haa dahaime kenn Woogn un Gewichchde. Wänn ich nunn dii Botter färr Hainrich oabwijje, do lange ich mich bij aemm enn Veerfunndbrood. Dißß lää ich uffn ooln Wijjeschtokk un uff d anner Siidn machche ich daenn soloange Botter druff biß d Woogn glichch äßß. Nunn frooge ich uchch, Härr Richchder, saet dee mich dachch, waer am Änge hii aijendlich bescheßßn hätt?“

Druffe gobb daer Richchder ungerm Doore Frannz raecht, un Bakkße Hainrich mutte d Gerichchdzkoßßdn traa.

ß Schtrimmpeschtobpn luug aemm nitt

Waenerß Bauel vunner hingeßdn Bingn worr mett sinn drißßich Joorn immer nachch Junkgeselle. Haer hotte meet sirr Värrsorjunk kenne Brobbleeme un koom guud zeraechte. Nuur, wänn sinne Schtrimmpe Lechcher hottn, do dodd haer sich schweer. Haer bruchchte färrß Schtobpn j nitt loange, abber wänne se dann aangezoggn hotte, do drikketn se een im Schuchch ärrbaermetlich. Dißß gunk aemm mittlerwiile dachch uffn Sännkel. ß gunk aemm ae därch d Plattn, daßße nitt laenger sa ainschpännich rimmelaufe sillte. Sa raffte haer

sich enneß scheen Daageß uff un gunk hänn bij Gaßßn
Kreetchn un machchte aer n Hobb. ß wull eeßd nitt aan-
bißße, abber no ner Wiile gobbß noo, un se hann dann ae
gefrijjet.

Wii se nunn sa driddzn Joore mettnnannder zugebroocht
hottn, do koom Bauel uffn Gedannkn, daßßeß dachch vil-
lichte beßßer gewaen wärre, wänne ß Frijjn gelooßn hette.
Daenn ß worr mett Kreetchn kaum zum Uußhooln. ß worr
enn rejjelraechchder Faejer un ne Zannkhaekßn därch un
därch. Haer worr bißhaer immer schtille, waile sich saete,
enn Hunnt baellt nitt lange. Abber do hotte haer sich maech-
dich gedoischt. Enneß Daageß worrß Mooß bij aemm vull,
un haer kloppete mett dr Fuußt uffn Disch, daß d Sobpn
äwwern Daelldr schwappete un haer hätt daem Kreetchn n
Marsch gebloosn. Dißß worrß nitt gewoont, un ß gukkete
een aan, oalz wärre haer nitt goanz kloar im Koppe. ß gaakte
luude looß, dreete sich rimme un faejete zur Deer ruuß. Un
drußßn riifß goanz luude: „Domeet deß waißt, mich sißßte
in dinnm Huuse nitt wärre, du ooler deddscher Sakk!"

Imnuu worrß im goanzn Därfe rimme woaßß anner hin-
geßdn Bingn bij Bauel looß worr. Do troof ne dr Farr un
mainte färr een: „Herr Wagner, ich habe gehört, dass Ihre
Frau Sie verlassen hat. Aber trösten Sie sich, in ein paar Ta-
gen wird sie schon wieder zu Ihnen zurückkehren." Druffe
Bauel: „Imme Hämmelzwilln, Härr Farr, saet daß nuur nitt zu
luude, un moolt nitt daen Deijwel anne Woannd, sißßt kim-
metz am Änge daadsächlich wärre!". Druffe machchte haer
schnaell ß Kriddze un zogg sich in sinn Hußß zerikke. Daenn
daß Gaßßn Kreetchn wärre keeme, daß wärre Bauel nitt sa
raechcht gewaen. Nuur mett ennm mutte haer sich oabfinge,
daßße sinne Schtrimmpe wärre saelber schtoppe mutte.

Enn Haellfer inner Noot

Sunndaggß Allwiiß ußß Märtefaelld hotte inner Schtaadt z duune. Do troff haer uffm *Willaim* enn klainn Jungn, daer hiilte Roddz un Woaßßer. Allwiiß worr daermooßn geruurt, daßße een fruug: „Na, minn Klainer, worimme hiilzt d daenn sa?" Do hull dr Klaine inne un weßß mett sirr Hannt uff enn Braed, wo lutter Klinglkneppe druffe worrn un schprooch: „Ich komme ja nicht daran, weil ich zu klein bin." Schprichcht Allwiiß: „Oach, Junge, do kann ich dich abber gehaellfe. Kumm, ich heebe dich hooch, do kannßt d uffn Knupp gedrikke." Daer Klaine lachchte nunn äbberß goanze Gesichchde un drukkde sa feßßde eß gunk uff d Kneppe. Wii ne Allwiiß wärre hännschtallte riif dr Klaine: „Jetzt müssen wir aber beide schnell weglaufen, sonst kriegen wir Ärger!"

Daß worr aemm dachch zu loange

Krißdjaan ußß Kallnaeber hotte eddliche Fudder Hollz inner Schtaadt värrkauft. Un wail ß Gescheffde sa guud gelaufn worr, gunge inn *Gollnen Leemn* un trank sich n baar Klaaß Beer un doozu ae n Korzn. Wailz krait schonn dunkl worrte un aemm d Langewiile hidde uffn Sännkel gunk un inner *Schtommnschtrooßn* kraade Deaatr worr, gunge dohänn. No enner guudn hallmn Schtunne worre wärre zerikke un daer Wärrt fruug ne: „Na, schon zurück? Das Theater ist doch bestimmt noch nicht zu Ende?" Druffe Krißdijaan: „Nae, ässeß ae nitt. Abber im Brokramme schtunn, dr zwaite un drette Akt schpeelte värrzn Daage schpeeter. Abber sa veele Ziit haa ich nunnmool nitt, un sa loange kann ich dachch ae nitt hii inner Schtaadt gebliiwe!"

Do hätt aemm dr Hailje Gaißd nitt gehullfn

Dr oole Schaeferhannz hudte sinne Schoofe bij Winnd un Waettr soloange ß aemn gung. Ae Naachtz worre drußßn, un sinne Hunne hottn dann ae oalleß im Kriffe.

Enneß Daageß koom dr Farr do lank, wo Schaeferhannz kraade hudte. Un Schaeferhannz worr raechcht froo, daßße mool mettm Männschn geschtorje kunnte. Haer weßß sinne Hunne aan, daßße d Schoofe soloange uffm Gelänne hooln un gunk uffn Waeg bijn Farrn. Do freeget een dr Farr: „Na, Herr Wenzel, wie viele Schafe haben Sie eigentlich?" Schaeferhannz worr nitt uffn Kopp gefalln un hotte ae sann scheenn Mudterwiddz im Liiwe. Sa koom haer druff, daen Farrn ae mool inne Loage zebränngn, wo haer villichchte oone daen Hailjen Gaißd ae nitt ainfachch sa klaar kimmet. Drimme schprooche färrn Farrn: „Dee kunnt dachch geraechchne?" „Aber natürlich, Herr Wenzel!", saete dr Farr. „Guud, do kunnt dee uchch jeddzt mool zesammngeraechchne, wiiveele Schoofe ich haa! Oalso, baßßd mool uff!" Schaeferhannz weßß uff ne klenndere Krubpn Schoofe, dii kraade naemn een worrn, un haer saete: „Hii, disse Schoofe hii, daß sinn genau saekßndrißßich. Wänn dee nunn nachchmool soveele doozu zeelt, un vunn daen doozu gezeeltn nachch mool d Hellfde doozu, un daenn nachchmool enn Värrtl un am Änge mich saelwer ae nachch, dann sinnz genau hunndert Schtikk!"

Dr Farr kraddzde sich hingern Oorn un fungn aan z raechchnen. Eß duurte un duurte, dann schprooche färr Schaeferhannz: „Ich muss zugeben, daß ich nicht heraus bekomme, wie viele Schafe Sie besitzen." Do fraijete sich Schaeferhannz äwwer oalle Mooßn, daß haer eß färrtich gebroocht hotte, daen Farrn z äwwerlißßdn. Haer luuß ne nachch ne Wiile zappele un saete dann: „Do hätt uchch woll dr Hailje Gaißd im Schtichche gelooßn, wae? Abber ich wällz uchch sae! Baßßd jeddzt mool hebbsch uff!

Oallso, dißß hii sinn saekßndrißßich Schoofe. Nachchmool sa veele doozu, daß sinn dann zwaijensäbbetzich, un doozu d Hellfde vunn daen saekßndrißßich, oallso aachtzaene, daß sinn dann ninnzich, un dann nachchmool enn Värrtl vunn saekßndrißßich, daß sinn niine, do kumm me uff niinninnzich, un wänn de mich zeleddzt ae nachch doozu duud, dann kummet dee genau uff hunnert Schoofe!" Do mutte dr Farr dachch luude lachche un mainte färr Schaeferhannz: „Bei Gott, Herr Wenzel, da hat mir der Heilige Geist wahrlich nicht geholfen! Ich muss Ihnen recht geben!"

Kenne Leesunk

Anndoon mutte färr äwwer ne Wochchn uff Diinßdraise. Domeet haer oalleß guud gereegele kunnte, sullte aemm Gußßde, sinne Frauw, d Boßßt färr een nooschikke. Wiije nunn drij Daage furrt worr un haer kenne Boßßt kraig, dellefoniirte haer mett Gußßde un fruug se, worimme se een sinne Boßßt nitt schikket. Do mainte se färr een: „Jou, ich kumme dachch nitt an dinne Boßßt, wail du daen Briifkaaßdnschlißßl meetgenummn häßßt. Deßwaejen schikkte nunn Anndoon daen Schlißßl ennhaime un woortete. Abber oalz veer Daage schpeeter immer nachch kenne Boßßt färr een koom, do riffe nachchmool drhaim aan un schprooch: „Woaßß äßß daenn loose, Gußßde, du häßßt mich j immer nachch kenne Boßßt geschikket?" Do fung Gußßde aan z hiiln un mainte: „Jou, woaßß dännkeßd du dich daenn wii ich daß machche säll? Dinn Briib mett daem Schlißßl lääd dachch saelwer im Briif-kaaßdn drinne!"

Värrwaeßßelt

  Daemmpliewerß Bauliine hotte d Aangewoonhait, dasseß gaerne un ae loange im Bette lää bläbb. Sunndaggß koomß deßwaejen immer in Schwullidäätn, wailz do jedeßmool zeschpeete innz Hoochammdt koom. So hotte eß leddzdn Sunndagg krait ß zwaite mool geludd un Bauliine koom mool wärre nitt ußßen Faeddern ruuß. Wailz abber gaerne suurn Kool aaß, hotteß dissn schonn imme aachte uffgesaßßt, daenn daer bruchchte j sinne Ziid, beveer haer waich äßß. Donoo hotteß sich wärre innz Bette gelääd. Najach, jednfallz hättz sich dachch ändlich uffgerappet un färr d Kärchn zeraechchte gemachchd. Enne goanze Wiile hotteß schonn uußgeludd, do klemmede eß sich sinn Gesankbuuch ungern Ormn un wull kraade zur Hußßdeer ruuß. Do full aemm nachch inn, daßßeß värrgaeßßn hotte, n Schikke Schpaekk annen Kool z schmißßn. Schnaelle raakte eß uffn Bonn, schnedd n Schtikke Schpaekk oab, suußde inne Kichchn, reßß n Dibpndekkl hooch, un schmeßß no sinner Mainunk daen Schpaekk innz Dibpn. ß noom druffe dann dachch nachch sinne Hannt-daschn un schtukkde ae ß Gesankbuuch schnaell ninn.

Wiiß nunn inne Kärchn koom, do schpeelte krait d Orjel, un Bauliine suuß sich schtille inne Bank uff sinn Pladdz. ß worr nachch goanz uffgeräät un hull d Daschn mett daem Gesankbuuche feßßde innen Hänngn. Dr Farr fung meet dr Präddicht aan, un Bauliine langete schonn mool ß Gesankbuuch ruuß. D Wiiweßlidde naemn Bauliine fung uff ennmool aan un kichchertn färr sich hänn. Dißß wunnerte aemm schonn, abber ß schteere sich nitt witter draane. Wii nunn dr Farr mett dr Präddicht färrtich woor, saßßte d Orjel inn un Bauliine sang uuß vullm Hoallse meet. Birr zwaitn Schtroofn do wullteß dachch libber innz Gesankbuuch gukke, wailz dii nitt richdich kannte. In daem Momännte, do mainte eß, d Schpiddzn bläbbe aemm waegg. Eß reßß sinne Aumn wiid uff un krägg n fijerriddzeroodn Kopp, daenn do soggß, dasseß daß Schtikke Schpaekk inner Hannt hotte un nitt eern ß Gesankbuuch. Un Bauliine murmelte färr sich hänn: „Du liiwe Mudtrgotteß, do haa ich in daer Iile woll ß Gesankbuuch innn suurn Kool geschmeßßn un daß Schtikke Schpaekk meet inne Kärchn genummn.“

Wii schnaell me enn Schpiddznoamn krijjet

Ballzderß Freedii raakte dagginn dagguuß uffm Bau. Wänne oobedz ennhaim koom, worre hunnzkaputt un luug sich uffeß Kannapee, wail aemm sinn Kriddze sa wee dodd. Meeta, sinne Oolsche, worr dogaejen enn fuuleß Schtikke, un ß jaate sinn Mann glichch wärre runger un driwweleerte: „Zu, schtigg uff, ß Schwiin hätt Kooldammp!“ Woaßß bläbb aemm annerte äwwerich, haer raffte sich zesammn un gunk zum Fittern.

Sinn goanzer Trooßd worr, daßße j boole enn scheeneß Schwiinchn geschloachte kunnn.

Wii nunn dr Schloachtedagg koom, hotte Meeta scheenn Kuuchn gebakkn un Freedii hotte ß Schloachtezigg gelanget. Wii nunn dr Schloachter do worr, mutte ß Schwiin ußßem Schtoalle gelanget waere. Abber wiiß manchmool sa äßß, Uffrägunk giddz maißdenz, wännz Schwiin ußßem Schtoalle mußß. Meeta un Freedii gungn baide innn Schtoall, kräggn ß abber ainfach nitt rußß. Dr Schloachter hätt sich daß nuur korz aangegukket un dann färr Freedii gemaint: „Du mußßt daß Schwiin anne Oorn krijje un dann feßßde no vorne zij, dann kimmetz hinger dich haer!"

Freedii dodd, wii aemm gehaißn worrte. Abber uff ennmool do raaket ß Schwiin looß un genau mank Freedii sinne Baine un machchte mett Karrachcho därch d Deer uffn Hobb. Dr Schloachter mettm Schußßabparaat un Meeta inn sinnen Hollz-laeddschn hingerhaer. Un Meeta kreelte: „Sa holltz dachch feßßde, wo witte daenn hänn?" Dachch ß Schwiin machchte nunn mett aemm uffm Bukkl därchß uffene Door ruuß uff d Schtrooßn. Un wail gaejenäwwer vunn Ballzderß d Schuule worr, worrn krooßer Haufn Kinndr do, dii kraade Bause hottn. Do gobbß enn krooßn Dumullt un d Kinndr kreeltn oallemann: "Enn Schwiineritter, enn Schwiineritter!"

ß Schwiin krägg n krooßn Schrekkn un schprang mett ennm Saddze anne Hallmn, daß Freedii vunn aemm rungerfull un längelank inner Goßßn luug. Saitdaem saetn d Lidde färr Freedii nitt mee Ballzderß Freedii sonnern Ballzderß Schwii-neritter.

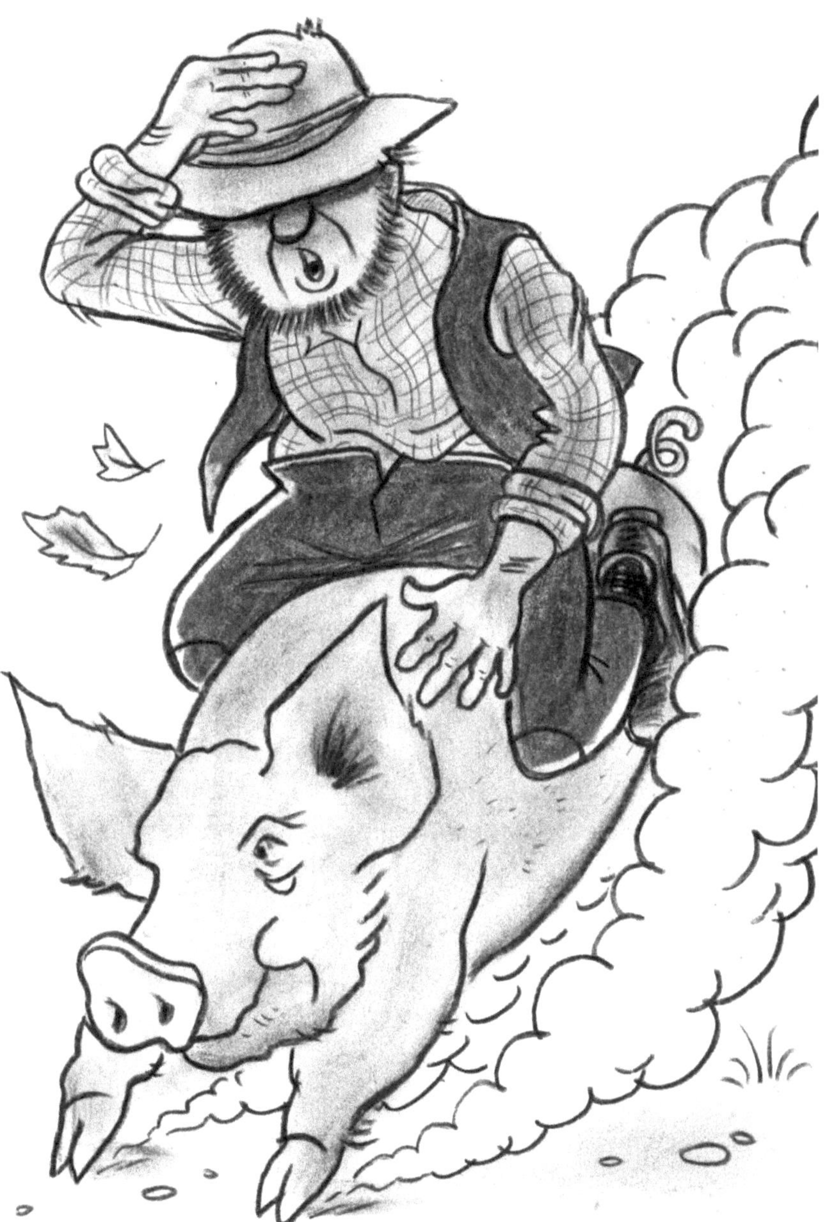

Enn Schlißßlärrlaebnißß

Friejer, do sinn d Kinndr nachch anner Trifft Schlänn ge-
faarn. Manche truubetn sich, vunn goanz oomne im Hollze,
uffm Waeje vumm Klainanger looßzefaarn. Sunndaggß, no
daer Mettdaggßaandacht, do worr do Hoochbetriib, wail
faßßt oalle Kinndr vumm Därfe zum Schlännfaarn koomn. ß
gobb ae wellche, dii hottn Schlittschuune, mett daen se d
Trifft runger gesännget sinn. Dii hottn maißd sann Dämmpo
druffe, oalz wänn dr Deijwel hinger een haer wärre. Jedeß-
mool, wänn err mett sinnm Schlänn odder mettn Schlitt-
schuune oomne vumm Lochche odder nachch witter vunn
oomne koom, do worrte luude gekreelt: „Baane frij, Katuffel-
brij!" Un oalle schprangn anne Hallmn, daenn oalle wußßtn,
daß eß zum krooßn Unklikke keeme, wänn wellche ze-
sammngerammelt wärrn. Un sa äßß in oall daen Joorn nii
woaßß Schlimmeß baßßeert.

Nuur ennmool, do hotte err vunn daen Schlittschuchch-
faarern Baech. Schullzenz Eedi hotte vunn sinnm Boadn im
Wäßtn zu Wiinaachtn n baar Schlittschuune gekräyjen. Mett
daenn kunnte haer scheene aangae, wail haer dii baar annern
domeet uußgeschtaechche kunnte. Nitt nuur daßße veele
beßßer uußsoggn oalz wii dii annern, veelemee worr haer
domeet ae immer dr Schnaellzde vunn oalln. Un wänne
oomne vumm Lochche looßfuur, do kreeltn oalle: „Waegg
vunner Baane, Eedi kimmet!" Un oalle gungn anne Hallmn
un gukketn soloange zu, biß Eedi ungne worr. Ungne reßß
haer ne scharfe Kurrmn, dasseß ne richdije Schneewollkn
gobb. Dann langete haer daen Krikkel ußß dr Hoosnkiipn un
krikkelte sinne Schlittschuune oab. Druffe weßß haer daen
annern d Schlittschuune un ae daen scheenn Krikkel. Daen

Krikkel hotte Eedi immer bij sich, egaal aebb haer inne Schuule odder inne Kärchn gung.

Ennmool ässeß Eedi baßßeert, daß haer bij daem Karrachcho enn Lochch inner Baane nitt gesijn hotte. Eedi äbberschluug sich un brooch sich ß Bain. Nunn mutte haer innz Kranknhußß, wo sinn Bain inngegibbßt worrte un haer im Bette lää mutte. Wiije nunn sa värrzn Daage luug, do koom dr Doktr mettn baar Krikkn un mainte färr een, daßße jeddzt domeet mool gelaufe kinne. Dißß koom Eedi kraade raecht, daenn d Loangewiile im Bette gunk aemm maechdich uffn Sännkel. Nunn gunge uffm Fluure hänn un haer, woann immer eß gung. Un woaßß een dobij besunnderß intreßßeerte, daß worr daer Faarschtuul. Mett daem wärre j zugaerne mool gefaarn. Haer gukkete zu, wii d Dokterß un Schwaeßdern d Deer vumm Faarschtuule mett sonnm issernen Schlißßl uffmachchtn un uff welchn Knupp se drikketn un dann looßfuurn.

Eedi hotte dann ae boole dii Idee, meet sinnm Schlittschuchchkrikkel, daen haer j ae meet innz Kranknhußß genummn hotte, z värrsiechn, aebb daer anne Deer vumm Faarschtuule baßßd. Wii nunn d Lufft raine worr, un daer Faarschtuul uff dr Schtattzijoon hull, do saßßte Eedi sinn Veerhaamn inne Daad imme. Un häßßde nitt gesijn, daer Schlißßl baßßde. Nischt wii rinn, un dann uffn Knupp gedrukket, un schonn gunk dr Faarschtuul no oomne. Eedi worr äwwerklikklich, un haer lachchte äbberß goanze Gesichchde

Dachch uff ennmool gobbß enn Rukk, un dr Faarschtuul bläbb uff hallwer Hejje schteene. Do koom aemm abber dachch dr Angßdschwaiß uff d Schtärrn, waile doochte, haer hette daen Faarschtuul kabudt gemachchd. ß Schlimmeßte worr, daßße sich nitt värrdinnesiire kunnte, waile j wii Voggl im Käfich gefangn worr.

No ner gefuultn Eewichkait rukkete dr Faarschtuul uff ennmool un fuur witter ruff, biß zur naechßtn Schtattzijoon. Do krägg Eedi abber eeßd richdijen Scheßß. Daenn wii d Deer uffgung, do schtunnn dr Doktr un zwai Schtattzijoonz-schwaeßdern drußßn doveer, un wii se Eedi soggn, mainte dr Doktr: „Na, Edi, da hast du aber Glück gehabt, daß der Strom wiedergekommen ist, sonst hättest du sicher die ganze Nacht noch hier drin bleiben müssen, und keiner hätte gewusst, wo du bist. Aber sag mir doch, wie hast du eigentlich die Tür zum Fahrstuhl aufgekriegt?“ Eedi zetterte un langte daen Schlitt-schuchchkrikkel ußß dr Hoosnkiipn un saete: „Dißß äßß minn Schlittschuchchkrikkel, daen haa ich immer bij mich!“ Do hannse oallemann luude gelachcht, abber Eedi mutte daem Doktr daen Schlißßl gae, un haer krägg ne eeßd wärre, oalz haer dann wärre haim dorfde.

Schlaagfärtich

Uffm Haane woonte friejer mool enn Sonnderlink, zu daem saetn se Schtaarnhannz. Villichchte koom daß dohaer, daßße äwweroall rimmeschtroomerte un im Summer naachtz maißdenz irjendwo im Hau- odder Schtroohaufn schluuf. Un wänne mool enn zeveele getrunnkn hotte, dann luug haer bijm Buurn inner Schinne, un dii hann ne dann maißdenz am annern Morjn mett Aeßßn un Trinnkn värrsorjet.

Wänn d Kinndr een soggn, do riifn se luude hinger aemm haer: „Schtaarnhannz biib!“ Un wänne dann mett sinnm

Geeschtokke schwännkete un beese sinne Aumn rollte, luufn se waegg.

Ennmool äßße ae inner Lutter gewaen, un haer gunk äbbern Schpaerlingßbaerk. Do woonte Kreetchn, daß waejen sinnm schaendlichchn Muulwaerk im Därfe bekannt worr, un mett daem kerr woaßß z duune haa wull.

Wiiß nunn daen Mann sogg, do riifß luude hinger aemm haer: „Schtaarnhannz biib! Schtaarnhannz biib!" Do dreete haer sich rimme un riif zerikke: „Schpaerlink biibt ae!" Do reßß Kreetchn sinn Muul wiid uff, abber ß gobb nitt enn Doon vunn sich.

Lochche Leenchn hotte disse Begaemnhait gesijn, un so hottn d Lidde boole eern Kiddzl, daß Schpaerlingßbaerkß Kreetchn uußgeraechnet bij Haane Schtaarnhannz mool schproochlooß worrte.

Geproolt, abber nitt geloggn

Schullzenz Anreeß gobb zu gaerne aan. Leddzdn Sunndagg, noomn Ammdte, gunge zum Friejschobpn hänn inne Wärrtschafft un gobb enne Runne färrn Schtammdisch uuß. Wii nunn oalle eere Klässer inner Hannt hottn, schprooche:

„Minn Karrel äßß jeddzt uff dr Unniwärsidäät in Halle, prooßt!" Noodaem se eere Klässer wärre oabgesaßßt hottn, freeget een Schmeedz Allwert: „Ouw, woaßß schtudeerte daenn?" Druffe Anreeß: „Najach, aijendlich schtudeert haer j nitt, abber haer dekket ß Dachch dofeer!"

Kanniichnmuul

Hainz un Gerhardt worrn zwai dikke Froinde un sooßn ae inner Schuule naemnnannder inn enner Bank. Dr Schulleer gobb daen Kinndrn jedn Dagg im Buuche woaßß z laesn uff. Haer suuß unger daer Ziit vorne an sinnm Dische un luuß d Ziidunk. Nuur oab un zu gukkete haer äbber daen Ziidungßrannd, aebb jeder sinne Noasn im Buuche schtikkn hotte un kenne Allwernhaitn machchte. Uff disse Medtoode hottn sich d Kinndr guud inngeschtoolt.

Sa koomß, daß Hainz un Gerhardt naemn daem Laesn uußbrobeertn, waer am laengeßdn enn Kanniichnmuul gemachche kunnte. Dobij mutte jeder sinn Muul zesammnzii un mett daen Libpn hooch un runger wakkele. Un wänn err dobij Lufft gezoggn hotte un sinn Muul wärre klaad worrte, do hotte haer d Runne värrloorn un eß gunk wärre vunn vorne looß. ß baßßeerte ae, daß wänn d Libpn pleddzlich ußßennandr gungn, daßßeß do enn Knall gobb. Dißß hätt dii baidn abber nitt geschteert, wail se sa richchdich imm Gange worrn.

Nuur daer Schulleer mutte eß dachch meetgekräyjen haa, un oone daß dii baidn eß gemärket hottn, schtunn haer pleddzlich naemn een un fruug se: „Na, was macht ihr beiden denn da für Fratzen?" Do schtunn Gerhardt uff un saete: „Wir machen ein Kaninchenmaul, Herr Lehrer!", un baide fungn ann z lachchn, un ae inner goanzn Klaßße lachchtn se. Druffe daer Schulleer: „So, so! Ein Kaninchenmaul!? Und damit ihr begreift, dass in der Stunde keine Fratzen gemacht werden, sondern gelesen wird, schreibt jeder von euch beiden bis morgen 40 Mal den Satz: Ich darf in der Schule kein

Kaninchenmaul machen!" Do worrß mett oallm Schpoaß un Lachchn uuß, un Hainz un Gerhardt sooßn do wii zwai begoßßene Buudelz.

Wii Lutter zu sinnm Noamn koom

Kenn Männsche waiß, woann genau dißß baßßeert äßß, wo Lutter sinnn Noamn gekräyjen hätt. Jednfallz ässeß schonn loange äbber dousend Joore haer. ß gidd ae kenn Dokkumennt, wodrinne daß uffgeschrämmn äßß. ß ainzije, woaßß me dodräbber waiß, daßßeß genau do gewaen äßß, wo hidde daß Hißßjen vunner Lutterkwaelln schtedd, un disse nuuwe Kwaelln dann sa schtoark worr, daß enn baar Meeter dovuune hänn d Schpringmilln gebuuwet worrte. Dii wännjn äwwerläwwertn Aangaamn rekkn abber, daß dii goanze Gesichchde ändlich mool uffgeschrämmn wärrd. Wail me abber dii daadsächlichn Noamn un Uußdrikke vunn domoolz nitt me waiß, mußß me dii aanwännge, dii me jeddzt kennt. Un waer maint, daß dißß oalleß geloggn wärre, daer ärrt sich gewalltich. In Lutter wärrd naemmlich nitt geloggn, doveer abber geproolt. Un sa kinnteß dann villichchte ae gewaen sij:

Gehanneß un Kattriine laewetn innem ooln klainn Hißßjn, oomne am Änge vunn daem Daale. Nitt wiid dovuune worr enn klainer Bachch, d Selle. Dichte bijm Huuse gunk dr Waeg noo Kallnaeber ruff, z daem mee hidde Schtaijer saen. Ne goanze Ekkn witter no ungne, wooß no Uder zu gunk, schtunn eddliche Hisser am Schlaage, am Kärchbaerje, binger dr Wachche un vumm ungerm Doore biß ann Woaßßerkraamn räwwer. Un do, wooß nuff zur Koolschteede gunk, ungn anner Reesn, do worrn ae nachchn baar, dii geheertn abber nitt zu daem Därfe. Wiiß schpeeter in daen Biechern schtedd, huußeß Därf domoolz Luteraha odder Lutera. D Lidde saetn abber ainfach nuur Lutra. Un wänn err gefrooget worrte, wo he haerkimmet, do saete haer: „Vunner Kränze!", wail j domoolz binger daem Därfe d Kränze zwischn daen Sakkßn un daen Diiringern värrluuf. Deßwaejen worr Luteraha ae enn Weerdärf.

Gehanneß hotte daß Hißßjn vunn sinnm Voatr geärbet. Un waile mett Kattriine ae nen goanzn Trupp Kinner hotte, worrteß eenen im Hißßjn langsam zu änge. Sinne Schwaeßder, Lissebettchn, woor Jungfersche geblämmn, wull abber nitt runger innz Därf bij sinne annere Schwaeßder Maalchn zij. Deßwaejen hotte haer sich witter hingne am Baerje nachchn Schubpn mett Schtoall unnen Veerraatzkaelldr gebuuwet un uff disse Wiise d Schpiisekammer im Huuse färr d Junkß zeraechtegemachchd. Daen Kaelldr hotte haer witter un differ innen Baerk gekraamn. Sa hotte haer ae glichch genunnk Schtaine färr d Muurn. Sinn goanzer Schtollz worr, daßße mett daen Schtainn ae ne gewellbete Dekkn värrn Kaelldr hänngekräyjen hotte. Oomne druff worr somett glichch ae nachch Pladdz, wo se Schlitter un Riißhollz hänngebannse kunntn. Un so kunntn se nunn daen goanzn Veerraat an Kollraamn, Meern, Oobeßt un ae d Koßdrolle färr Suurkruut, Muußt un annere Laemnßmittl im Kaelldr beßßer geloagere. Katuffl gobbß domoolz nachch nitt. Unger d Dekkn hotte Gehanneß n loangeß Braed gehannkn, wo se eere Broode druffluugn. Daen Schtoall un daen Schubpn raechtz donaemn hotte Gehanneß nitt sa wiid inngekraamn. Do luug naemmlich ae nachchn krooßer Haufn Schtaine, dii sinn Kroßßvoatr schonn do uffgeschott hotte. Daen goanzn Haufn machchte haer sa zeraechte, daßße do oalleß druffgebuuwe kunnte, woaßße veerhotte un ußßerdaem nachchn Pladdz färrn krooßn Hollzhaufn hotte.

D Kinndr worrn d maißde Ziit drußßn. D baidn krooßn Junkß worrn färr d Värrsorjunk daer Schwiine, daer Zeyjen un vumm Eesl zuschtännich. Ußßerdaem muttn se eerm Voatr bijm Akkern, Hollzmachchn un bij daer Buuwerij zur Hannte gee. Un kraade bijm Buumn gobbß genunnk z duune. Daenn immer wärre hotte d Selle zu wännig Woaßßer, daßße disse uffschtaue muttn, domett Lissebettchn odder d kreßßern Maechn ß Woaßßer färrß Aeßßn un ß Waschn gescheppe kunntn. ß baßßeerte ae immer wärre, daß uff daer klainn Weesn ungerm Baerje pleddzlich soveele Woaßßer schtunn, daßße n Kraamn machche muttn, domett ß Woaßßer oabfloßß un Eesl un Zeyjen do gefraeßße kunntn. Im Summer hotte disse Sittewaddzijoon ae wärre woaßß Guudeß. Nitt nuur, daß d Wiiweßlidde d Wesche do scheene gewasche kunntn, veelemee doowetn sich d Klenndern in daem scheenn Woaßßer uuß, daß Kattriine sinne liiwe Noot hotte, d Baggaasche wärre innz Hußß z krijjn.

Wii nunn kaum zwai Joore noodaem värrgenn worrn, wo Gehanneß oomne daen Kaelldr un daen Schubpn gebuuwet hotte, do mainte Kattriine: „Zu, Gehanneß, gukke dachch mool oomne im Kaelldr no, do schtimmet woaßß nitt. Daer goanze Fuußbonn äßß pleddzlich naßß, un ich bänn krait druffe uußgeruddschd. Ich klauwe, ß Woaßßer drikket jeddzt hii boole genauso därch wii uff dr Weesn. Du hetteßd uff mich heere sulln un daen goanzn Schubpn witter no raechtz hännsiddze, do ässeß naemmlich drijjer.“ Un Gehanneß mainte: „Zu, rägg dich nitt uff. Ich haaß j ae schonn gemärket un mett daen Junkß geschprochchn, daß me naechßde Wochchn ennn Kraamn donaemn hännmachchn, domeet ß

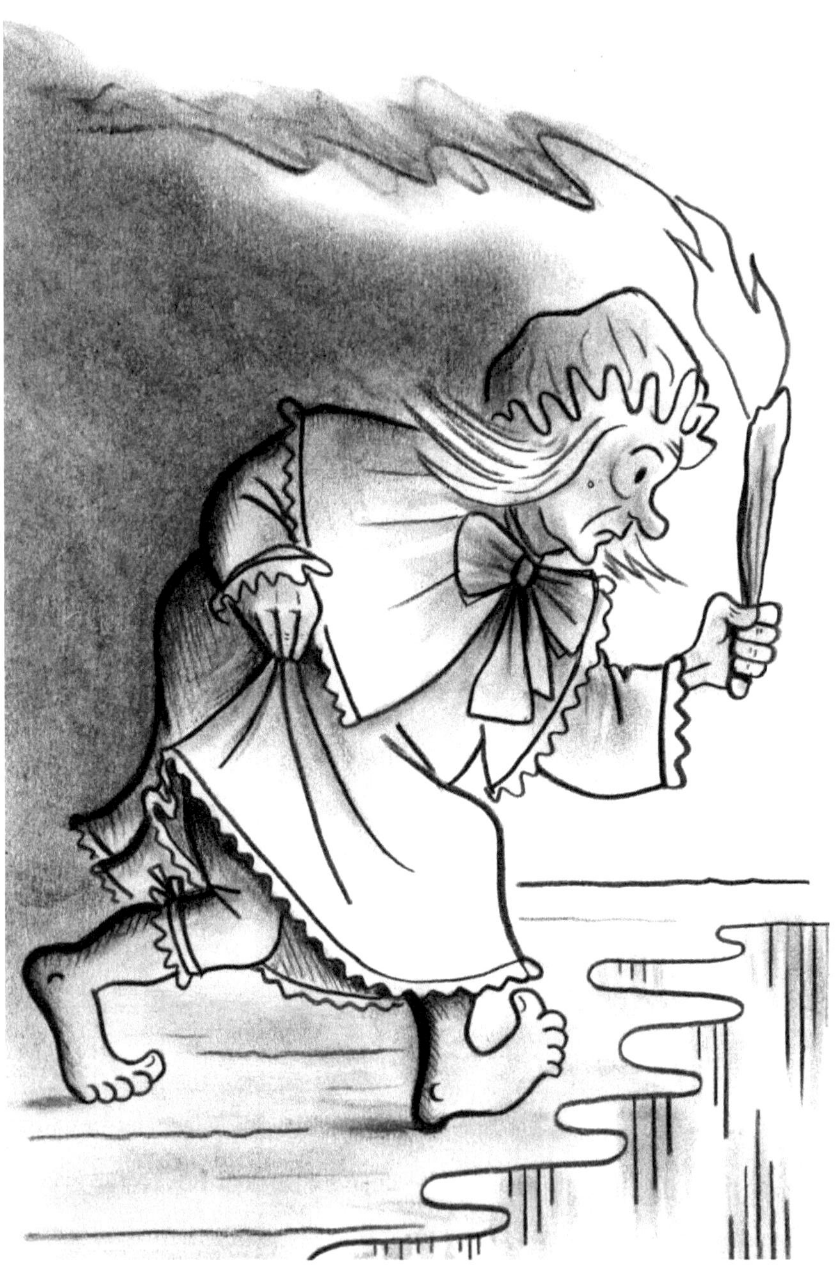

Woaßßer oabgelaufe kann, do ässeß dann ae boole wärre drijje im Kaelldr. ß Beßßde äßß, de lood soloange d Deer oomne uffe, dasseß schnaeller oabdrijjet. ß Brood muut dee abber ae runger loange, beveer d Viicher draangenn. Ich zij ae daen Reebokk noochtern glichch nachch oab un hannkne dann soloange uffn Hußßeern unger d Trebpn."

Wii nunn oalleß gemachchd worr, luugn se ae oallemann boole in eern Bedtern. Nuur Lissebettchn noom nachchmool n loangeß brännendeß Kiinhollz, imme noom raechchtn z gukkn. Wiiß nunn uffm Waeje noom Kaelldr worr, do koom aer krait ß Woaßßer entgaejen. ß baddschte abber mett sinn Barweßßfießn witter bißß anne Kaelldrdeer. ß truubete sinn Aumn nitt un lichchtete mett daem Kiinhollze äwweroall hänn, wooß nuur gunk. Dann schluugß enn krooßeß Kriddze un kreelte: „Gehanneß! Kumm schnaell! Mee suffn glichch oab! Hii im Kaelldr äßß schonn lutter, lutter Woaßßer!"

Korz noo dissm Allarm schtunn glichch d goanze Karoona oomne bijm Kaelldr. Kattriine hotte ae ß Klennßde ußß dr Hoddzn geschnappet un schtunn im Orme mett aemm naemn Gehanneß un schprooch: „O, du liiwer Gott, woaßß sällz daenn blooß waere, wänn unse Hißßjn hii oabsifft!" Un dii drij annern Klainn kreeltn zesammn mett Lissebettchn: „Lutter, lutter Woaßßer! Äwweroall lutter, lutter Woaßßer! Un Gehanneß riif färr d Junkß: „Zu, langet schnaell Hakkn un Schibpn, mee machchn glichch enn Kraamn, daßßeß Woaßßer uff d Weesn laift un nitt annz Hußß kimmet! Zu, Kattriine un Lissebettchn, machcht uchch mett daen Kinnern wärre innz Bette, dee kunnt hii sowiisoo nischt gemachche!"

Noodaem Gehanneß mett sinnn Junkß daen Kraamn gezoggn hottn, noom haer d krooße Hakkn un machchte daen Treetschtain inner Deer vumm Kaelldr waegg. Enn maechdijer Woaßßerschtroom luuf nunn vumm Kaelldr ruuß uff d Weesn. Un wail do j ae nachch daer Kraamn worr, daen se eeßd värrgenne Wochchn gezoggn hottn, luuf nunn ß goanze Woaßßer dorinn un dann in daen Kraamn, wo d Selle luuf. D Maenndr wischdn sich eern Schwaiß vunner Schtärrn, machchtn sich Hännge un Fieße im nuumn Woaßßer raine und Gehanneß saete: „So, Junkß, daß wärre geschafft. Unse Hußß äßß gerettet un mee hann nunn kenne Woaßßernoot mee, daenn eß sidd sa uuß, daß me jeddzt enne Kwaelln hann, dii in dousend Joorn nachch laift.“

D Lidde ungne im Därfe hann nitt meetgekräyjen, wii inner Naacht daß veele Woaßßer nunn im Kraamn worr. Eeßd, oalz Maalchn, Gehanneß sinne Schwaeßder, im Kraamn Woaßßer loange wullte, sogg eß, wii vull daer jeddzt worr. Un ß kreelte ae glichch d goanze Napperschafft zesammn: „Kummt schnaell, kummt schnaell un gukket, me hann jeddzt lutter, lutter Woaßßer!“ Un kaum worr ne hallbe Schtunne rimme, do schtunn ß goanze Därf am Woaßßerkraamn un jeder riif: „Jeddzt hamme lutter, lutter Woaßßer!“

Un sa koomß, daß wänn waer daen Bachch jeddzt sogg, daß daer saete: „Do äßß j lutter Woaßßer und daß kimmet ae ußß dr Lutter.“ Sait disser Ziit träät nunn daß Därf un daer Bachch daen Noamn Lutter! Sogoar daß Daal, in welchm daß Därf lääd un wo d Lutter därchfließt, haißt saitdaem Lutterdaal! Un färr d Lidde, dii do laemn, saet me Lutteraner!

Veele hunndert Joore schpeeter, noodaem ß daß Hißßjen vunn Gehanneß nitt mee gobb, worrte an disser Schtelln n

Milln gebuuwet. Disse worrte waejen daem Schpringkoppe Schpringmilln genannt, un daer wärre hotte sinnn Noamn vunn daen Kwaelln, dii immer wärre ußß daem Baerje schprangn. Un wärre äbber hunndert Joore schpeeter, hotte sich enn Ferßder naemn d Kwaelln ae wärre enn Hißßjen gebuuwet, daßße abber nitt loange inne hotte, wail enneß Daageß sinn Kaelldr ae wärre dikke vull Woaßßer worr un dofeer dii Kwaelln donaemn drijje worrte. ß Woaßßer färr d Schpringmilln worrte druffe vunn disser Kwaelln genummn. Daen Kaelldr, ußß daem nunn d Lutter koom, daen kunntn mee nachch sa loange gesij, biß färr ainijn Joorn d Kwaelln, waejen daer Trinnkwoaßßervärrsorjunk färr Kallnaeber, nuuwe inngefaßßt worrte.

Un woasseß Därf betrifft, sa sinn im Laufe daer Ziit d baidn Därfer Ober-Lutera un Wenigen-Lutera zesammnge- waßßn, un ß gidd nuur nachch d Lutter. Abber inner Lutter giddz immer nachch Äbberdärf un Ingerdärf. Enn Zaichn dofeer, daß d Lidde sich nunn woll beßßer värrtraan oalz wii in ooln, ooln Ziidn äßß: ß gidd nuur enne Kärchn, wo se oallemann ringgenn. ß gidd ae Lidde, dii saen: „In Lutter woonn d ainzijen Lutterschn, dii katdoolisch sinn!“

Enne schiir unklaubliche Geschichtn
Odder: Worimme Lutter katdoolisch äßß

Friejer, do sogg j unse Lanndschaffd im Aikßfaelle nachch goanz annerte uuß. Daß koom dohaer, daß d Buurn und ae manche klenndern Lidde nachch saelbert Lannd hottn. Un dii ennzelnen Schtikke worrn inner goanzn Fluur rinnkß imme d Därfer värrdailt. Zwischen daen Fluurschtikkn do

worrn maißdenz Waeje, domeet ae jeder an sinn Lannd ge-
kumme kunnte. Ae gobbß Oorraine odder Hekkn, dii do-
zwischn schtunn, n Kraamn odder n Schtachchldroodzuun
vunner Waidn naemnann. Un domett jeder wußßte, wo sinn
Lannd lääd, do gobbß jede Mänge Noamn färr dii ennzelnen
Beraiche, färr dii me Gemarkunnk saet. Un mett dissn Noamn
worrtn se ae innz Kattaßderbuuch inngetraan, un blämmn sa
färr oalle Ziidn feßßdgeschrämmn. ß gobb kenn Männschn
im Därfe, daer disse Noamn nitt wußßte. Sogoar d Kinndr
kanntn sich domeet uuß. Dii worrtn friejer j ae meet innz
Faelld genummn, wail se nachch meet haellfe muttn, odder
seeß ß Trinnkn färr eere Lidde innz Faelld broochtn. Daß
oalleß bläbb soloange, biß ninnznhunndertniinfuchchzich d
LPGß[2] koomn. Do värrschwannn Waeje, Oorraine, Hekkn,
Kräämn un Waideziine un ß gobb nuur nachch krooße
Flaechchn. Kenn Wunner, daßßeß saitdaem veele Waeje- un
Fluurnoamn nitt mee gidd, un d maißdn Lidde im Därfe se ae
nitt mee kennn, un d Kinndr schonn goarnitt. Inner Schuule
wärrd j ae kenn Wärt dodruff gelääd. Dobij wärreß j intreßßant
färr d Kinner, wänn se woaßß vunner Geschichtn eereß Där-
feß ärrfaare kinntn. Friejer worr daß jednfallz annerte. Do
muttn sich d Kinner inner Schuule zum Baischpiile domeet
befaßße, wiiß zu daen Noamn vunn daen Waejen un Faell-
dern gekummn äßß.

Inner Lutter äßß sa enn Fall mool gewaen, ungefaer ninnzn-
hunndertsämmndrißßich. Do hätt dr Schulleer daen Kinndrn
uffgetraan, daßße enn Uffsaddz dodräbber schriibe sulln,

———————————————

² LPG: Landwirtschaftliche Produktionsgenossenschaft in der DDR.
(Durch Zwangskollektivierung der bis dahin selbständigen Bauern ent-
standen.)

wii dii Noamn vunn daen lutterschn Waejen un Faelldern haißn un wii disse entschtenn sinn. Wii disse Sachche värrluuf, daß hätt mich minne Dannte Mariichn vunn anner Gaßßn värrzoolt, wail se domoolz saelber daen Uffsaddz geschrämmn hätt. Un sa äßß disse Geschichtn mich in Erinnerunk geblämmn:

Mariichn koom vunner Schuule haim un schprooch färr sinn Voatr: „Du, Voatr, mee sunn j ennn Uffsaddz schriiwe äbber d Noamn vunn unsem Faelle odder ennm Waeje, daer do hänngett. Kannßt du mich daenn gesae, welchn ich do genaeme kinnte?" „Oach, Mariichn, du kennßt se dachch oalle. Schribb se dachch ainfach oalle noo daer Rijn uff, do krijjeßt de ne goanze Siidn vull." „Nae, Voatr, sa ainfachch äßß daß nitt, wail me j uffschriibe munn, wii daer Noame dovuune entschtenn äßß. Un dißß waiß ich dachch nitt. Do mußßde mich aemn haellfe!" Sinn Voatr äwwerlääte korz un dann saet haer: „Oach, Mariichn, waißte woaßß, nimm dachch daen Eelwaeg, daen kennßte dachch. Do gettz zum Haane nuff, un mee hann dachch do ae ungerm Hollze n Schtikke Lannd. Witte dich daen nitt naeme?" „Ouw, jou, Voatr, daen kinnte ich guud genaeme. Abber du mußßt mich ae schpraechche, wiiß zu daem Noamn vunn daem Eelwaeje gekummn äßß." Druffe hoob sinn Voatr aan: „Jou, waißte, daß äßß schonn loange, loange haer. Schtell dich veer, domoolz hottn se inner Lutter nachch kenne Giile, nuur Eeslz hottn se. Un wänn waer uffn Haan wullte odder uffn Haekßßnpladdz, do hätt haer sinn goanzeß Zigg uff daen Eesl druffgeladd, wail j veele Lidde nachch kenn Waan hottn. Un du waißt j, wii schtikkl daer Waeg do äßß. Do kimmet me schonn goanz scheene ußß dr Buußde, wämme do oone woaßß ruffgett. Jou, un sa gunkß daen Eeslz domoolz eeßd raecht. Daenn schtell dich mool veer, mett daem goanzn Zigg uffm Ballje un dann daer schtikkele Waeg do ruff, do koom dii Eeslz goanz scheene innz Schwiddzn. Un je witter ruff se koomn, je mee koomn se doozu. Un wänn se sa kraade oomne im Hollze aangekummn worrn, do blämmn dachch d Eeslz uff ennmool schtee. Du, un woaßß mainßte, woaßße do gemachchd hann?" „Dii sinn dood immegefalln, wae?" „Nae, nae, Mariichn, Eeslz hooln schonn woaßß uuß, dii falln sa schnaell nitt imme. Abber schtell dich veer, disse Schinngelaicher vunn Eeslz hann dachch uff ennmool lutter Eel gesaicht! Jou, un deßwaejen haißt dr Eelwaeg ae Eelwaeg!" Do hätt sich Mariichn villichchte värrfeert un gesaet: „Imme Gotteßjeesuwilln, Voatr, daß gett abber nitt. Sonn schlimmeß Worrt kann ich dachch nitt geschriiwe. Woaßß mainßde, wii sich dr Schulleer dodräbber uffräät, un mett mich zanket. Nä, nä! Zu, schprichch mich ne annerte Geschichtn!"

Sinn Voatr värrzogg sinn Muul un mainte schliißlich: „Najach, do nimmeßte aemn daen Eeßderbaerk, do hamme dachch ae n krooßeß Schtikke Lannd!" „Jou, abber mußß ich mich do ae nitt schaeme, wänn ich daß uffschriibe?" „Nae, Mariichn, do bruchchßde dich nitt z schaeme. Du kannßt värrminntwaejn noochtern inne Biibel gegukke un do gelaese, daß daß oalleß goanz aanschtännich äßß." „Guud, Voatr, do värrzeel mich jeddzt, wiiß zu daem Noamn koomn. Woorte, ich naeme mich eeßd n Zäddl, un schriibe mich glichch woaßß uff, woaßß d saeßt." Un wii Mariichn mett sinnm Zäddl wärre am Dische worr, fung sinn Voatr aan.

„Jou, daß worr domoolz, wo daer liiwe Gott d krooße Sinntfluut äwwer d Waellt hätt kumme looße. Du waißt j krait, daß Noe ne Archn gebuuwet hotte un domeet loange

äwwerß Woaßßer geschwummn äßß. Haer wußßte mitt-
lerwiile äwwerhaubt nitt mee, wo he worr, wailz j uuß oalln
Wollkn geraent hätt un haer deßwaejen nischt gesij kunnte.
Un wiije schliißlich sa lanksaam äbber Kallnaeber waegge-
schwummn koom - äbber Lutter waegg - in Richdunk Uder,
do hätt dachch sinne Archn uff ennmool feßßde gerukket,
wail se am Lijchtebiel hannkn geblämmn worr. Haer doochte
schonn: „Du liiwer Gott, du witt unz dachch jeddzt nitt ae
nachch oabsuffe looße?" Abber im glichchn Momännt vull
aemm wärre inn, daß dr liiwe Gott aemm gesaet hotte, daß
oalle am Laemn blämmn, dii bij aemm inner Archn wärrn.
Un deßwaejen hätte nunn ae d Faenßderluukn uffgemachcht
imme ruußzegukkn. Un woaßße do sogg, kunnte haer kaum
geklauwe. Haer sogg naemmlich gaejenräwwer d Maijenwoannd
un riif luude: „Mee sinn uffm richdijen Waeg! Do äßß daer
eeßde Baerk!" Glichch dodruff hätte dann ae d Duumn ruußge-
looßn. Un wii dii nunn mettm krienn Zaikn im Schnaabl wärre
zrikke koom, do schwamm d Archn uffennmool wii vunn
oallaine wärre witter. Sa, minn Maechn, nunn waißte,
worimme daer Eeßderbaerk Eeßderbaerk haißt!"

„Ouw, Voatr, du bißd goanz scheene schlau. Ich klauwe, ich
bruchche witter nitt inne Biibel z gukkn. Ich schriibe oalleß
genau sa uff, wii de mich daß gesaet häßßt!" Un dißß hätt
Mariichn dann sa gemachchd. Wii nunn dr Schulleer d
Uffseddze zerikke gobb, do hätte Mariichn sinn biß
zeleddzde uffgehoomn un dann gesaet: „Mariechen, du hast
ja eine schier unglaubliche Geschichte aufgeschrieben. Sag,
die hast du doch bestimmt von deinem Vater?" „Daer hätt
mich plooß dobij gehullfn, ich haase abber goanz oallaine
uffgeschrämmn, Härr Schulleer!" „Das ist mir schon klar.
Schließlich kenne ich ja deine Schrift. Aber sag deinem Vater,

dass diese Geschichte doch sehr weit hergeholt ist." „Najach, Härr Schulleer, dii äßß j ae seer loange haer, un se schtett j ae schonn inner Biibel drinne!" „Gewiss, Mariechen, das steht in der Bibel, dass es die Sintflut gab und dass Noe auf Gottes Geheiß eine Arche gebaut hat, in der er und seine Familie mit all den Tieren gerettet wurde. Es ist aber sehr unwahrscheinlich, dass er mit der Arche hier über das Luttertal geschwommen ist." Do hätt Mariichn sich abber hellsch mukkeert. ß schtegg uff, kloppete mett dr Fuußt uff d Schuulbannk un saete goanz luude: „Härr Schulleer, dee maint dachch woll nitt, daß minn Voatr geloggn hätt, wae? Worimme sillte daenn sonnßt dr Eeßderbaerk Eeßderbaerk haiße, wännz nitt daer eeßde Baerk gewaen äßß, daen Noe gesijn hätt, he? Un ußßerdaem, Härr Schulleer, kunnt dee mich daenn gesae, worimme Lutter äwwerhaubt katdoolisch äßß? Ich wällz uchch sae, wail Noe mett dr Archn genau eeßd äbber unse Hußß, dann äbbern Kärchbaerk un zeleddzt äbber unse Faelld binger daer Maijenwoannd geschwummn äßß! Un wänne nitt anner Kubpn vumm Lijchtebiel hannkn geblämmn wärre, waer waiß, aebb mee dann hidde inner Lutter äbberhaubt sa katdoolisch wärrn! Am Änge wärrn me villichte sogoar evangeelisch geworrn!"

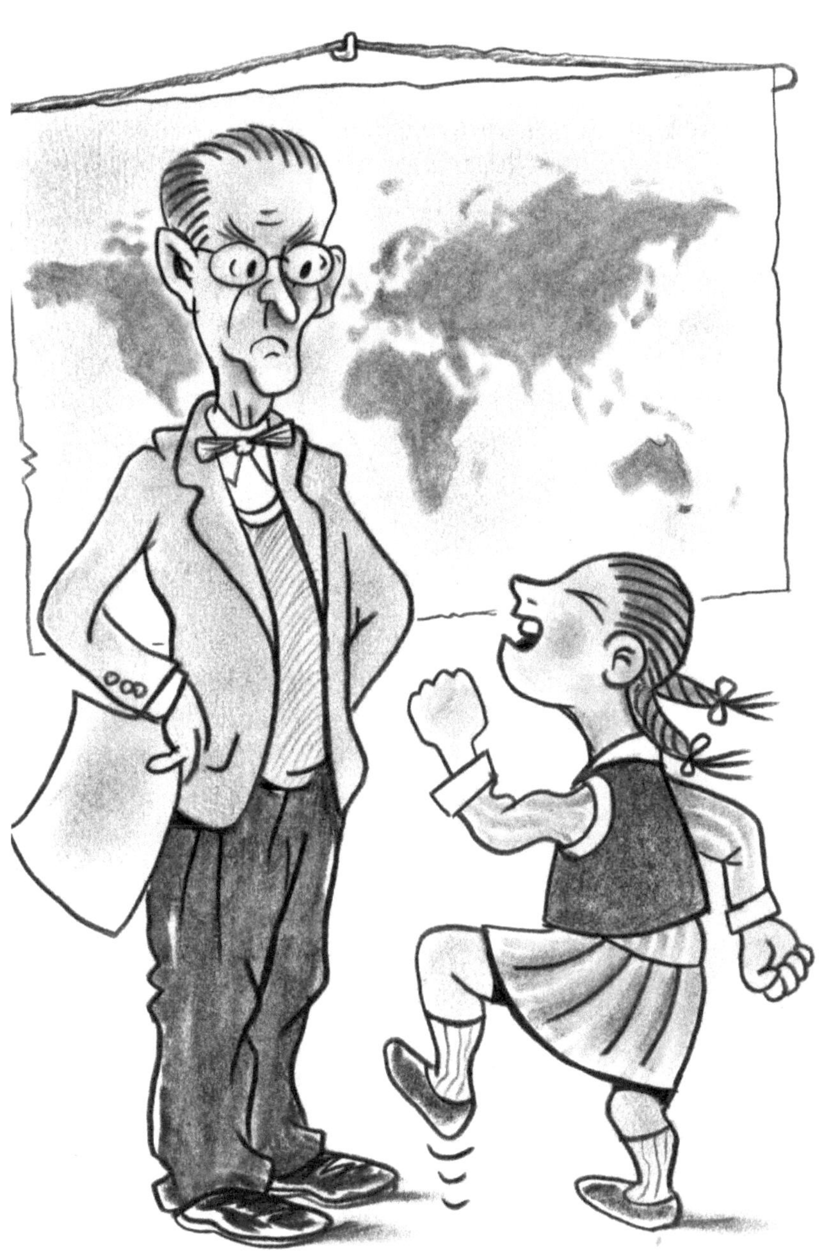

Nitt mett Oabsichchd

Kleemännz un Liwoorijuß schtenn uff dr Lutterbrikkn un kawweln sich. Do schledd Liwoorijuß daem Kleemännz sinn Kaeseschtikke ußß dr Hannt, dasseß runger innz Woaßßer full. Kleemännz hiilte luude looß un Liwoorijuß machchte sich uff un dovuune. Do koom dr Härre kraade värrbij un freeget daen Klainn: „Aber Clemens, warum weinst du denn so herzzerreißend?" Kleemännz schluchzte un maint färrn Farrn: „Na, daer Liwoorijuß hätt mich minn Botterbrood inne Lutter geschmeßßn!" Druff dr Farr: „Mit Absicht?" „Nae, mett Kaese, Härr Farr!"

D Eeselzbrikkn

Bauel un Looni worrn schonn äbber drißßich Joore mettnnannder värrfrijjet. Abber wiiß sa äßß, giddz ae bij daen am klikklichßdn Värrfrijjedn nitt jedn Dagg aitl Sunnnschiin. Un sa koom Looni jedeßmool inn Rasche, wänn Bauel mett sinn Schuunen inne Kichchn koom. Ae wänn haer saete: „Looni, ich haase dachch drußßn orndlich oabgetraedn!", fungß aan z kneetern un saet: „Du ooler Eesl, du waißt genau, daß ich daß nitt geliide kann. Un worimme zißßt d dann dinne Schuune nitt värr daer Deer uuß un leßßd se do schteene?"

Ae bij annern Gelaejenhaitn, wo Looni sinnen Bauel zeraechterikke mutte, schproochß: „Du Eesl, wii offd mußß ich dich daenn daß nachch sae?" Abber wänn oalleß balletti worr, un Aamor sinne Faile gezoggn hotte, do saete eß färr een: „Waißte woaßß? Aijendlich bißde jeddzt mool wärre minne

Eeselzbrikkn, daenn wänn ich dich sa sij, do fellt mich wärre inn, daß ich dich dachch goanz gaerne haa!"

Rollaadnfrikkaßßee

Disse Geschichchde äßß mich saelwer baßßeert, dorimme wäll ich ae kennn fremmdn Noamn färr mich innsiddze.

Mee hottn gebuuwet un woontn nachch nitt loange in daem nuumn Huuse. Zu Ooßdern hottn me minne Schwejjerlidde zum Aeßßn inngeladd. Minne Frauw hotte enne Gallnopperadzijoon hinger sich un luug inner Schtommn uff dr Bettkautsch. Sa worr ich oalso färrß Faeßtaeßßn zuschtännich. ß gobb Nuudlsobpn mett Markkleeßchn un Rollaadn mett Roodkool. Ich hotte oalleß imm Kriff un wullte nunn ae bij minn Schwejjerliddn mool aangae. Wichdich worr, daßßeß Aeßßn binktlich imme Zwellwe uffm Dische schtunn, daenn minne Schwejjermudtr kunnteß nitt geliide, wämme d Ziit nitt innhull.

Ich hotte friej genunnk aangefangn, sogoar dr Budtink worr färrtich. Sobpn, Rollaadn un Roodkool schtunnn schonn schtarrtklaar uffm Gaaßhaerde un bruchchtn nuur nachch uff klainer Flammn woarme bliiwe. Guud zwannzich Minuutn värr Zwellwe kligelteß – d Schwejjerlidde sinn do. „Na, oalleß imm Kriffe?", freeget Schwejjervoatr. „Jou!", sae ich, „Dee kunnt inne Schtommn hoochgegee, d Frauw lääd do un woortet uff uchch." Un Schwejjermudtr mainte: „O, daß riecht aber gut, da kriegt man ja richtig Appetit."

Wii d Schwejjerlidde no oomne gungn, haa ich inner Kichchn nachchmool noomn Raechchtn gegukket. Do full mich uff, daß ich äwwerhaubt nachch kenne Katuffel uffgesaßßt hotte, dii hotte ich bij oaller Veersorje dodaal värrgaeßßn. D Schwaißtrobpn schtunn mich aumnplikklich uff dr Schtärrn, daenn mett dr Binktlichkait worrß j nunn värrbij, un uff daen Kommendaar minner Schwejjermudtr mutte ich mich nunn innschtelle. Schnaell haa ich unse baidn Maechn geruufn, daßße meet Katuffl scheele sulltn. Daß gunk oalleß rukk zukk, nuur uffm Gaaßhaerde worrteß n bißßjen änge, wail ich glich n Dibpn Woaßßer färr d Katuffel uffgesaßßt hotte. Oab un zu inne Dibpn gukke, immeriere, domeet nischt aan-brännt, daß worr wichdich.

Waiß dr Deijwel wiiß dann koomn. Uff ennmool do koom dachch d Oabdekkunk vumm Gaaßhaerde no vorne un daer Broodndopp mett daen Rollaadn flogg runger, äbberschluug sich uffn Fuußbonnfliisn un bläbb mett nuur enn bißßjen Soosn nachch drinne schteene. Gaißdeßgaejenwärrtich hotte ich d Oabdekkunk mett dr linkn Hannt uffgefangn un gukkete vuller Entseddzn uff d värrschtroitn Rollaadn un dii veele Rollaadnsoosn, dii an minnm raechchtn Hoosnbaine hunng un langsam rungerluuf. Im guudn Klaumn, daß d Oab-dekkunk wärre richdich schtett, luuß ich se looß. Do koomß abber dann eeßd richdich zur Kattaßtroofe. Daenn d Oab-dekkunk koomn wärre no vorne un daer krooße Sobpndopp, mett daen scheenn saelwer gemachchdn Nuudln un Mark-kleeßchn flogg an mich värrbij un luug nunn ae inner Kichchn mank daen Rollaadn. Zufällich hotte d Sobpn d Fluugbaane vunn daen Rollaadn inngenummn, un machchte somet därch daen Broodndopp, schmeßß d Reßßde vunn daer Rollaadnsoose ruuß un bläbb saelber mett ungefaer ennm Daelldr vull dodrinne. Nunn hull d Oabdekkunk ändlich. Ich worr zu nischt mee inner Loage un fung aan un zetterte. Disse

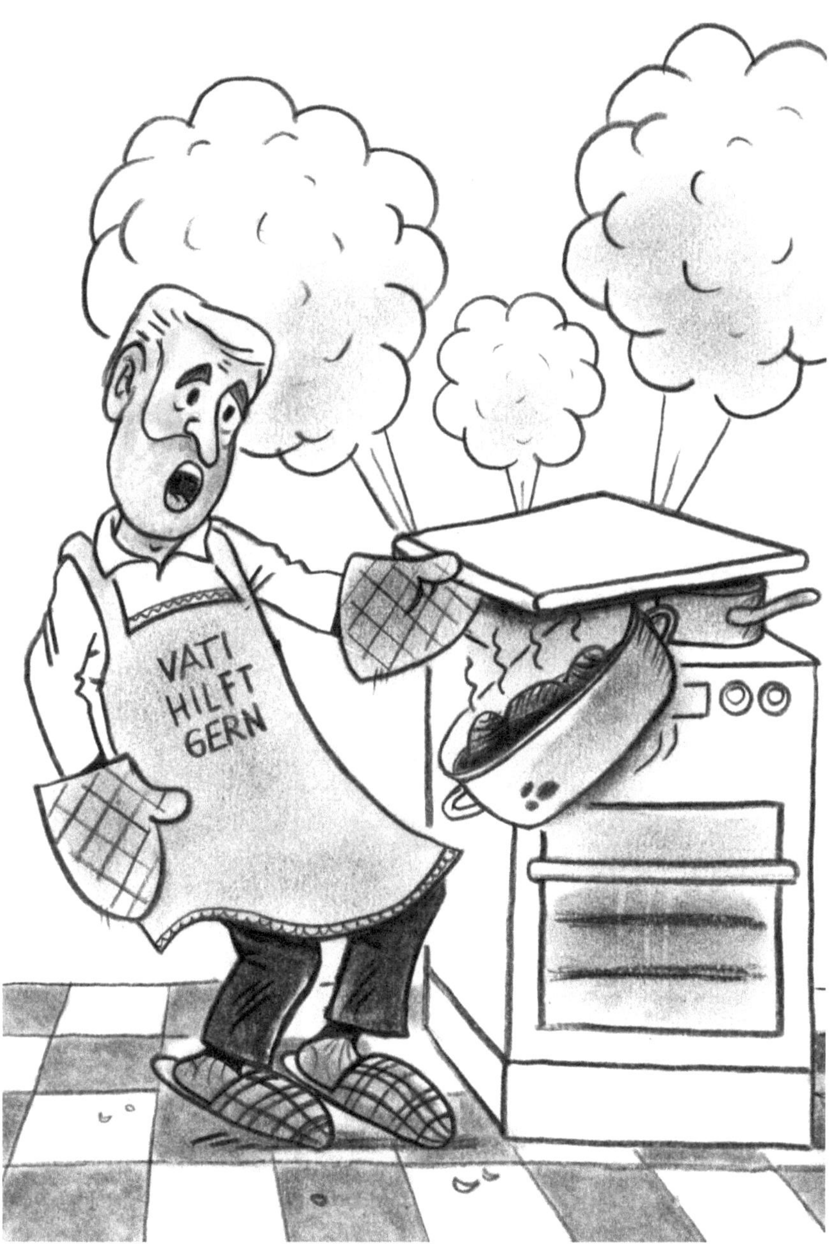
VATI
HILFT
GERN

Blamaasche, am libbeßdn wärre ich inner Aerdn värrsunnkn. Woaßß summe daenn jeddzt blooß aeßße? Scheene Ooß-dern – Oalleluja- daß worrß. Am Änge hätt Schwejjermudtr d Rollaadnfaeddzn zesammngelaesn, ainije Leffel vull vunn daer Soosn zesammngekraddzt un daen klaeglichn Räßßd vunn bruuner Nuudlsobpn in enn klaineß Dibpn gemachchd. Sa hottn mee färr unse Ooßdermool enne ungewoonte Schpaisekoortn, dii sa uußsogg:

Veerschpaise:	Värr jeden zwai Leffel vull brimmelbruuner Nuudlsobpn, abber mett kaputtn Markkleeßchn.
Hauptgang:	Rollaadnfrikkaßßee mett schpeetn, abber goanzn Katuffeln un Roodkool, daer nitt runger full.
Deßßeer:	Schokelaadnbudtink mett Wanilljensoose.

Wii me dann oalleß uffgegaeßßn hottn, woaßß im Aange-boot worr, do hamme oallemann dachch nachch äbber dißß Eraichnißß gelachcht, ae ich. Un wämme daß Eraichnißß sa hingerhaer betrachchtet, do kamme dachch gesae: Ußß dr Noot enn nuuweß Rezaeppt erfungn: Rollaadnfrikkaßßee!

Wii im Schlaraffnlanne

Zu DDR-Ziidn worrß enn krooßeß Eraichnißß, wänn mool Besuuch ußßem Wäßtn koom. Do worrte krait Wochchn värr-haer färr Aeßßn un Trinnkn gesorjet, wailz daß nitt gobb,

woaßß me kraade sijchte. Un mee wulltn j daen Wäßtbe-
suuch ae guud uffwoorte, wail me j vunn daenen oftmoolz enn
scheeneß Bakket mett Sachchn krächchtn, dii me guud ge-
bruchche kunntn, un diiß hii ainfachch nitt gobb. Mett
Aikßfaeller Woßßt hottn me Gottzaidank kenne Brobbleeme,
wail me nachch saelber enn Schwiinchn gekauft un ge-
schloachtet hann. Färr Bonnkaffee hotte daer Besuch raichlich
gesorjet. Daer worr domoolz bij unz zeemlich diijer, un mee
krächchtn vunn daem immer wärre mool Brobbleeme mettm
Maane, wämme laenger kenn Wäßtkaffee mee hottn. Mett Beer
un annern Getrännkn worrß ae nitt sa lichchde. ß Beer, daß bij
unz inner Schtaadt gebraut worrte, hull sich im Summer ain-
fach nitt loange un worr im Geschmakke ae nitt besunnderß. Un
färr ne beßßere Sorrtn uuß Sakkßn odder Bärrliin z. B. Rade-
berger oder Dominator faeltn unz d Beziijungn. Färr guudn
Schnabbß un Säggd, do raichde unse Gaelldbittl ainfach nitt
uuß. In disser Hännsichcht koom unz zuguude, daß unse
Aeldeßdeß ne klaine Kraiterhaekßn worr. ß hotte naemmlich
Holungerblietn geflekket un dovuune Säggd gemachchd. Sa
hottn me ne goanze Rijn Flaschn mett Holungersäggd im Kaelldr
schteene, un wail me wußßtn, daß imm Summer daer Wäßt-
besuuch kumme sullte, hamme ae nuur mool ne Flaschn
brobeert. Mee worrn daermooßn dovuune begaißdert, daß
me uns schonn värrhaer gefraijet hann, unsen Besuuch domeet
z äbberraschn.

Nunn worrß ändlich sawiit, daer Besuuch worr do. Me
kann sich hidde kaum nachch veergeschtelle, woaßß sonn
Wäßtbesuuch domoolz färr Gefiele bij unz uußgeleeßt hätt.
Me worrn ainfachch wii ußßem Hißßjn. Disse Hoochschtim-
munk hätt sich ae uff daen Besuuch äbbertraan. ß gobb veele
Loob färr unz.

Wii nunn ß Naachtbrood värrbij un dr Disch oabgeriemet worr, do hätt d Frauw d guudn Säggdklässer ußß Blaikrißdall haergelanget. Disse hotte se färr Wäßtgaelld im Interschobb gekauft. Unger daer Zii haa ich daen Äbberraschunkßsäggd ußßem Kaelldr gelanget. Oalle worrn geschpannt, daenn unse Reklaame hotte sinne Wärkunk.

Daen Binnfaadn, mett daem dr Korkn feßtgehooln worr, haa ich, oone minne Reklaame z ungerbraechchn, veersichtich uffgeknaifelt. Un wail j bekanndlich ae immer Drukk inner vulln Flaschn Säggd worr, haa ich daen Binnfaadn sachchte uffn Disch gelääd un mett dr linkn Hannt daen Korkn gesichchert. Druffe haa ich dann dissn mett dr raechchtn Hannt lichchde aangekippet, domett ich ne dann ruußgezii kunnte. Abber sowiit bänn ich nitt gekummn. ß gobb uff ennmool enn luudn Knall un daer goanze scheene Säggd schpriddzde ruuß, unger d Dekkn, anne Woannd un äbber oalle, dii hingerm Dische un donaemn sooßn. D Säggdklässer kippelten imme, wail daer Besuuch, minne Frauw un d Kinndr ungerm Dische Schuddz gesuucht hann odder sich d Soofakißßn schnappetn un värrß Gesichchde hulln. Ich saelwer schtunn do mett ner leern Flaschn inner Hannt un wußßte nitt raechcht, woaßß do baßßeert worr. Nitt enn ainzijen Drobpn hotte ich oabgekräyjn. Vunn daen sämmn Freelichn am Dische worr kerr värrschoont geblämmn.

No un no koomn se oalle wärre ungerm Dische veer odder se noomn eere Kißßn vumm Koppe. Abber ß Traama worr nachch nitt goanz z Änge, daenn dr Säggd droppte nach immer vunner Dekkn runger uff eere Keppe. Eeßd goanz oallmaelich koomn me oalle wärre zur Ruuwe. Noodaem d Säggdfiddzn vumm Dische worrn un sich oalle oabgedrijjet wärre värrsammelt hottn, do worrte eeßdmool feßße ge-

lachcht. D Kinndr maintn: „Oh, das war ja wie im Schlaraf-
fenland, wo es Sekt vom Himmel regnet!“

Leyjndeijwlz Willaim

Inner Lutter, do gobbß enn Orginaal, daer hotte dissn
Oonoamn. Sinne Schtorriiß sinn biß uffn Dagg bij Junk un
Oold inner Erinnerunk geblämmn. Eddliche dovuune haa ich
ae schonn in minn Biechern uffgeschrämmn. Sozesaen oalz
enn klaineß Dännkmoal, sällz hii jeddzt schtee, wii Willaim
zu daem Oonoamn gekummn äßß.

Wii gesaet, Willaim worr j schonn enn Filluu, enn
Schliddzoor. Un waile im Roßße woonte, saetn färr een
Roßße Willaim, daenn in daem Huuse, in daem haer woonte,
do worr friejer ne Wärrtschafft, dii huuß *„Zum weißen Ross“.*

Wii Willaim mool im Härbeßte zur Kammbannje uff dr
Zukkerfabrik worr, do laernte haer Anna, sinne schpeetere
Frauw, kenne. Haer värrzoolt eer, daßße dahaime ennen krooßn
Guudzhobb hette. Enneß Daageß besijchte Anna een, un haer
langete se mett dr Kuttschn in Uder vumm Baanhoobe oab.
Wii se nunn sa langsam bingerß Därf koomn, do saete haer
färr sinne Froindin: „Anna, oalleß, woaßß de sißßt, äßß miine!“
Anna machchte krooße Aumn, abber se sogg daen Schallk in
Willaimß Aumn un wußßte glichch, daßße maechdich uffge-
traan hotte. Abber Anna worr ne troije Seele un bläbb enn
Laemn lank bij aemm. Un wail dißß Eraichnißß nitt unger
daen baidn geblämmn äßß, do saetn d Lidde saitdaem färr
Roßße Willaim: Leyjndeijwlz Willaim!

Sinn leddzdeß Liid värrm Ungergannk

Zu DDR-Ziidn worrß mett Urlaupßraisn nitt wiid haer. Wämme kennen Feerijnschäkk vunner Gewärrkschafft (FDGB)[3] gekräyjen hätt, do worrß äwwerhaubt nitt meggelich, daß me enn Urlaupßpladdz gekrijje kunnte. Un wänn, dann worrß nur err im Lanne. Waer sichß gelaißte kunnte, daer kunnte mett ner Wiisageneemijunk un dann uff aijene Fuußt innz sozijalißdische Uußlannd no Booln, Ungarn, inne Tschechai odder no Bulgarijn geraise. Ne Urlaupßraise no Drämmne (BRD) und in enn annereß wäßtlicheß Uußlannd odder goar ne Waelltraise odder ne Kroizfaart gobbß äwwerhaubt nitt. Waer sich bartaibollidtisch aanbaßßde und guude Laißdungn färr d Gesellschafft broochte, daer hotte villichte Klikke, daßße mett ner Schiffßraise uff dr Vellkerfroindschafft no Kuuba uußgezaichnet worrte. Me kann sich deßwaejen veergeschtelle, daß d Lidde noom Falle daer Muurn und daer Weddervärrainijunk Didtschlanndz dodaal jukkich worrn, daßße sich nunn ae d Waellt mool aangegukke kunntn.

Sa hann sich enneß Daageß aacht Lidde uuß dr Lutter uff enne Kroizfaart mett dr Albatros uffgemachcht. Se worrn värr Fraide dodaal ußßem Hißßjen un kunntenz kaum gefaßße, daßße äwwern Ozejan schwammn. Äwwer aachthunnert Lidde worrn uff daem Schiffe. D Lutterschn suußn immer an ennm Dische zesammn un hann oalleß meetgemachcht, woaßß gebonn worrte. Aeßßn un Trinnkn no Haerzenz-

---

lußßt, ß worrte gedannzt un gesungn, oalle Dekkß un ae d Baarß worrtn uffgesucht. Brimmelbruune worrn se schonn no enner Wochchn. Sa hetteß nachch loange sa witter gegee kinne, abber ennmool gett ae d schennßde Raise z Änge.

Wiiß nunn sawiit worr, worrte ß Käbptndinner aangekinndicht. Dodruff fraijetn sich oallemann. D Fraide worrte abber hellsch värrdormn, wail daß krooße Schiff in unruijeß Woaßßer koom. D Waelln worrtn immer kreßßer un ß Schiff schaukelte immer mee. Veele Lidde kunnte me nitt mee gesij, wail se seekrank worrn un inn eerer Kabiine flach luugn. Un vunn daenen, dii me uff Dekk nachch sogg, hottn veele d Duutn inner Hannt, un wännz eenen aankoom, do dreetn se sich schnaell anne Hallmn, reßßn d Duutn hooch un kuddzdn rinn, oalz mittn se sich linkß machche.

Sa gungß ae Dijana. ß worr krieningewißß im Gesichchde un ß bollderte wii värrrikkt inn sinnm Maane. Do mainte Karrel, sinn Voatr: „Gukke mool ruuß, do kimmet schonn wärre sonne krooße Waelln!" Dijana kunnte kraade sinne Duudn nachch gerappe, un schonn worrse vull. Do mainte eß färr sinn Mann: „Ich kann nitt mee, bränng mich inne Kabiine." Aumnplikklich schluug wärre ne krooße Waelln annz Schiff, daß d Klässer vumm Dische fulln un d Billdr anner Wannt bammeltn. Zwai Frauwn, dii sich inngehookt hottn, kraischdn uff ennmool luude looß un schonn luugn se längelank im Gannge.

Karrel mainte färr sinn Schwejjersoon: „Zu, bränngß runger innz Bette, un du kimmeßd dann abber wärre hooch, un mee genn dann zesammn ruff inne Baar." Do abber lääte Dijana looß: „Du kannßt värrminntwaejn inne Baar gegee, minn Mann, daer gett mett mich un bliiwet bij mich! Wännz Schiff ungergett, mainßde daenn, daß ich oallaine ärrtrinnke säll? Ich finge ne dachch dann inn daem Därjennanndr nitt wärre! Ich wäll abber minn Mann bij mich haa, un wänn ß Schiff ungergett, do genn me wännigßdenz zesammn unger." „Na guud", schprooch Karrel, „dann geet de nuur runger un woortet uff minn Zaichn. Wännz dann sawiit äßß, un ß Schiff gett unger, do singe ich oomne inner Bar: *Näher, mein Gott, zu dir!* Daß äßß dann minn leddzdeß Liid uff disser Waellt. Sa, machchdz guud biß noochtern im Hämmel!"

Uußsichchd färr ne Raise zum Moond

ß worr ninnznhunndertzwaijenfuchchzich. Inner Lutter gobbß nachch kenne Schuule, wo oalle Kinndr rinngegee kunntn. Ungne, inner ooln Schuule, gobbß zwai Klaßßnraime, ß fimfte un saekßde Schuuljoor worr oomne d Trebpn ruff un ß sämmte un aachte ungne zesammn. ß värrte worr im Äbberdärfe inner Zigarrnfabrik ungergebroocht. Daer Ungerricht färrß eeßde, zwaite un drette Schuuljoor worr, wänn dii annern Klaßßn Durrn hottn, dobij muttn se ae d Klaßßnzimmer waeßßele.

Wii me inner fimftn Klaßße ß eeßde Dikkdaad geschrämmn hottn, do koomß zu enner Kattaßtroofn. Dr Schulleer worr dodaal ußßer sich, wail ß Dikkdaad sa schlaechcht uußgefalln worr. Värroallm bij daen Junkß worrß donaemn gegenn. Haer kreelte, daß me oalle d Keppe inngezoggn hann un dr Schulleer unz d Heffde imme d Oorn schluug. Un wail kerr wußßte, wänn haer draan koom, do fungn me langsam aan z zettern. Dii Faeler, dii haer vunn jedm veerluuß, worrtn immer mee. D saekßde Klaßßn un unse Maechn kichchertn,

worrn abber wärre mukkßmiißjen schtille, wänn dr Schulleer
innehull un se beese aangukkte. Err noo daem annern hotte
sinn Dännkzäddl schonn oabgekräyjn. Biß uff zwaije worrn
se oalle därch, do machchte haer ne Bause un gobb minnm
Hingermann un mich d Heffde un schprooch: „Ihr habt
Glück gehabt, ihr könnt jetzt sitzen bleiben." Do äßß enn
krooßer Schtain vunn unsem Haerzn gefalln. Dann kreelte dr
Schulleer: „Die anderen aufstehen!" Kerr hotte ne Aanunk,
woaßß koom. ß worr sa schtille inner Klaßßn, daß me ne
Schtekknoodl gehoort hette, wänn se rungergefalln wärre.
Witter kreelte haer: „Für die fünfte Klasse seid ihr noch viel
zu dumm! Eure Versetzung war ein Irrtum! Packt eure Ta-
schen und dann hier vorn in Zweierreihe antreten, zack,
zack!" Zaen Junkß bakkdn inn un schtooltn sich vorne värr
daer krooßn Doofl uff. Dr Schulleer machchte d Deer uff un
saete: „Ihr wißßt sicher noch, wo euer Sitzplatz vor den Feri-
en war,- Heinz?!" Druffe Hainz, „O-oomne, inner Fabrik!"
Druffe dr Schulleer: „Genau! Und da geht ihr jetzt wieder hin.
Bestellt Lehrer Gümpel einen schönen Gruß von mir, und er
soll euch noch ein Jahr behalten! Verstanden?!" Druffe gobb
haerß Kommando: „Abmarsch!" Wii d begoßßenen Buudelz
zoggn se looß, innz Äbberdärf. Wii oalle drußßn worrn,
machchte dr Schulleer d Deer zu, noom sinn Daschnduuch
un wischte sich d Schwaißtrobpn vunner Schtärrn. Druffe
gunge zum Faenßder, gukkete nuuß un mainte: „Na, Gott sei
Dank, den Weg kennen sie noch." Dann machchte haer
mettm Ungerricht witter, oalz wärre nischt gewaen. Mett dr
Dißßepliin hotte her witter kenne Sorje.

No ner Wiile kloppete eß anner Deer. Oalle gukktn uff, un
dr Schulleer hull sinn Zaigefinger uffß Muul un machchte
„Psst!" ß worr ne Schtille wii birr Woandlunk inner Kärchn.

Do kloppete eß nachchmool, dißßmool abber eddwoaßß feßßder. Langsam schtegg nunn dr Schulleer vunn sinnm Schtuule uff un gunk anne Deer. Do woortete haer soloange, bißßeß nachchmool feßßde kloppte. Druffe reßß haer d Deer uff un fruug: „Ja, was wollt ihr denn hier?" Druffe Hainz: „Lehrer Gümpel will uns auch nicht haben!" Un dr Schulleer: „So, so! Er will euch auch nicht haben! Sicher war auch er froh, dass er euch in die fünfte Klasse abschieben konnte. Na gut, dann setzt euch wieder auf eure Plätze. Abber eins sage ich euch: Beim nächsten Mal da schicke ich euch zum Mond!"

ß äßß nischt mee sa, wii eß friejer woar

Do gukket uchch mool aan uure Kinndr,
Dii waßßn dachch jeddzt veele geschwinnder;
Un wii krooß dii oalle jeddzt waßßn,
Daßße kaum nachch unger daer Schtommndeer därchbaßßn.
Friejer, do hottn d Klainn enn Schtrillrekkchn aane,
Hidde schtollzeern se inner Jiinz eere Baane,
Un do hannse ne faine trijje Bämmperß drunger, färrwoar!
ß äßß nischt mee sa, wii eß friejer woar!

Un kunnte dr Schißßmaddz dann ae gelaufn,
Do krägg haer sinn Schpeelzigg, zwoar nitt enn krooßn Haufn,
Do worr nischt ußß Plaßßde, do worr oalleß ußß Hollz.
Hidde, do sinn se uff Leego un Bleymobiil schtollz.
Friejer schpeeltn se Knipper un Hippesail uff dr Schtrooßn,
Hidde siddzn se värrm Kompjuuter, d Klainn un d Krooßn.
Uff dr Schtrooßn z schpeeln, äßß hidde ne krooße Gefaar!
ß äßß nischt mee sa, wii eß friejer woar!

Friejer koomn d Kiewe- un Giilewaanz aangerummpelt,
Do schaffteß jeder äwwer d Schtrooßn, ae ne Omma, dii hummpelt,
Gennse un Aendn un Schpaddzn inn Schaarn, inn krooßn,
Un woaßß Kiewe un Giile värrloorn, oall daß worr uff dr Schtrooßn.
Hidde wärrd mett *wumm, wumm* enn Audto aangekinndicht
Un meet Karrachcho därchß Därf im Dämmpo gesinndicht.
Laib un Laemn vunn Männsch un Deer kummn sa inn Gefaar!
ß äßß nischt mee sa, wii eß friejer woar!

D Waellt, dii äßß boole wii enn Därf geworrn.
Me kann geraise vumm Siidn biß hänn innen Norrdn,
Odder machcht ne Wießtnsaffaari odder feert innz eewije Aiß.
Oalleß äßß meggelich, Haubtsachche, me bezaalt sinnen Praiß.
Ae z frijjn bruchcht me dachch hidde nittmee,
Famillje, wii mee se nachch kennn, dii äßß faßßt baßßee.
Zwai Maenndr, zwai Frauwn sinn j ae jeddzt enn Baar!
ß äßß nischt mee sa, wii eß friejer woar!

Innz Därf gehoortn Kärchn, Schuule un ß Schullzenammdt.
Daß äßß hidde värroaltet, wärrd witter hännvärrbanndt.
D Kärchn waern leer, d Lidde sinn saelwer wii Gott.
Kinndr sinn offd nuur Belaßßdunk, d Gemainde bankrott.
Un Ainhaitzgemaindn, dii waern kreßßer un kreßßer,
Do freeget me sich: Äßß daß jeddzt ae beßßer?
Sa mancheß vunn hidde ärrschiint offd sonnderbaar.
ß äßß nischt mee sa, wii eß friejer woar!

Inner „Guudn ooln Ziit!", do zeetertn ainzd d Ooln,
Veele wulltn nischt värrändere un immer Raechcht behooln.
ß schweere Laemn vunn friejer, daß wumme nitt goanz värrgaeßße,
Unse Muuloort wumme fleege un ae witterhänn Faelldgikker aeßße,
Un woaßß me jednfallz gelaerne kunnn vunn unsen Ooln:
Oalleß z duun, imme ß Aikßfaelld färr unse Kinndr z ärrhooln,

Un jedn Dagg Gott dannke un dännkn dobij: Wunnerbaar,
Daß veeleß nitt mee sa äßß, wii eß friejer woar!

Zaen Geboote färrn Aikßfaeller

Korz un knapp gesaet: D Aikßfaeller sinn schonn enn be-
sunndereß Vellkchn. D Geschichchde hättz nitt sa besunnderß
guud mett aemm gemaint. Immer gobbß Krijje, Hungerßneede
un Soijchn, bij daenen veele Männschn eer Laemn värrloorn
hann. Abber ae ß Lannd hätt eenen veele oabvärrlanget,
wailz äbberwiijend mett Schtainn beseet worr. Dißß oalleß
hätt daen Aikßfaeller nitt ungergekräyjen, sonnern eejer schtoark
gemachchd. Gehullfn hätt aenn eer schtoarker Klauwe an
Gott. Un sa äßß uuß daem Aikßfaeller daß geworrn, woaßße
hidde äßß. Rikkblikkend uff daß oalleß, woaßß unse Veer-
faarn ärrtraan un gelaißtet haan, un wovuune mee hidde
nachch proffitiirn, sulltn mee dannkbaar un schtollz sij, daß
me Aikßfaeller sinn. Wämme dodruff achchdn, woaßß inn
daen zaen Gebootn uffgeschrämmn äßß, dann giddz nischt,
woaßß daen Aikßfaeller ungergee ledd un villichte am Änge
ß Aikßfaelld vunner Lanndkoortn geschtrechchn wärrd.

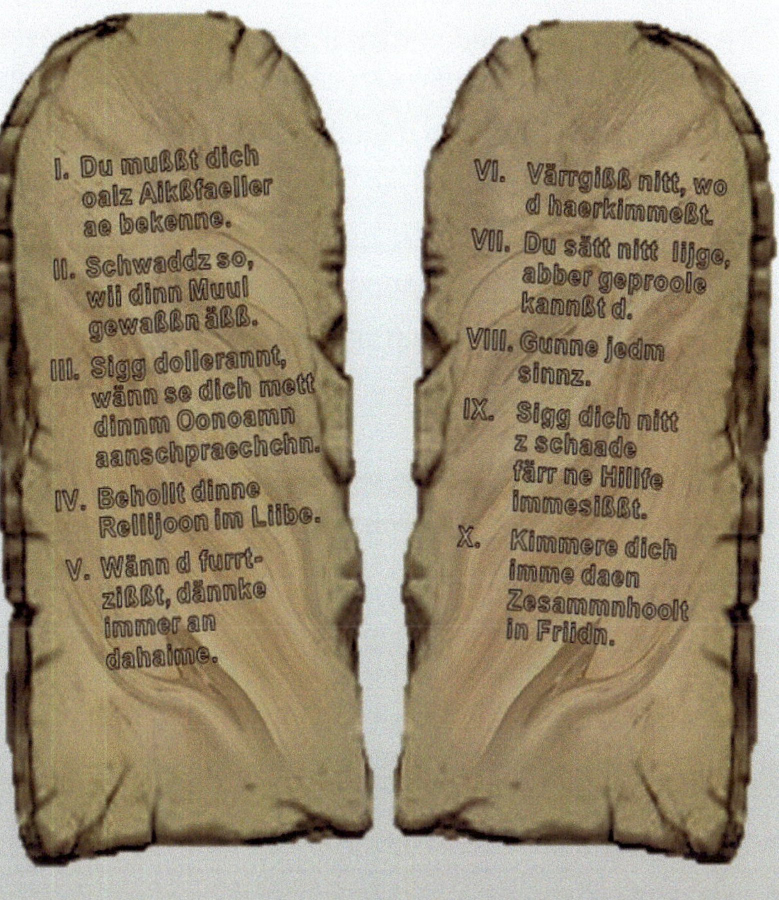

I. Du mußßt dich oalz Aikßfaeller ae bekenne.
II. Schwaddz so, wii dinn Muul gewaßßn äßß.
III. Sigg dollerannt, wänn se dich mett dinnm Oonoamn aanschpraechchn.
IV. Behollt dinne Rellijoon im Liibe.
V. Wänn d furrtzißßt, dännke immer an dahaime.
VI. Värrgißß nitt, wo d haerkimmeßt.
VII. Du sätt nitt lijge, abber geproole kannßt d.
VIII. Gunne jedm sinnz.
IX. Sigg dich nitt z schaade färr ne Hillfe immesißßt.
X. Kimmere dich imme daen Zesammnhoolt in Friidn.

Färrn Schprichcheklopper

- Nischt im Koppe, abber Schprichche kloppe.
- Bij daem waiß me nii, wo me draane äßß.
- Daß hiilt bij jeder Klainlichkait glichch Roddz un Woaßßer.
- Do läädz Dibpn, un d Mällch äßß kabudt.
- Wämme daen vorne ruuß schmißßt, kimmete hingne wärre rinn.
- Daen mußß me behanndele wii sonn rooeß Ai.
- Wännz sinn Muul uffmachcht, do hättz ae schonn geloggn.
- Wänn ich woaßß machche wäll, do schmißßte mich andauernd Knippl mank d Baine.
- Dißß mußß immer sinn Saennefd doozu gae.
- Machch dachch dinn Muul zu, sißßt kummn d Fliegn rinn.
- Waer nitt bij unz kimmet, daer klemmet sinnn Oorsch ae nitt inner Deer bij unz.
- Daer hätt sinn Bullwer krait värrschoßßn.
- Daer äßß raffiniirt, daer schnidd sogoar am haellerlijchtn Daage daem Deijwel sinnn Schwoannz oab.
- ß kann sinne Klabpn ainfachch nitt gehoole.
- Daer äßß sa giddzich, daer bullt eer uffn Schneeball un sukkelt ne dann uuß.

➢ Sa schnaell, wiiß daß Bluud baedd, kannßte ß Faenß-
der nitt zugekrijje.

➢ Dii traan j eere Noasn sa hooch, daßßeß eenen boole
rinnraent.

➢ Disse Nikkemaenndr kummn äwweroall därch.

➢ D Faettaumn schwimmn immer oomne uff dr Sobpn.

➢ Daer äßß j inn sinnm Karaggder waimelich wii enn
Laemmerschwoannz.

➢ Daß gett soloange guud, bißße uff d Schnuußtn fellt.

➢ Jeder mußß dii Sobpn uußleffele, dii haer sich inn-
gebrokket hätt.

➢ Borrjen machcht Sorrjen.

➢ Daer hätt witter nischt wii Kneebm imm Koppe.

➢ Wänn daß ruußkimmet, kanne sich woarme zugedekke.

➢ Daer äßß zeech wii Laedder.

➢ Daer hätt ne Schnuußtn, do baßßd n Kommißß-
brood rinn.

➢ Do gukkn wärre mee Aumn inne Sobpn oalz ruuß.

➢ Daer hätt j n Fordzz imm Koppe.

➢ Krooße Schnuußtn, abber nischt dohinger.

➢ Waer aangidd, daer hätt mee vumm Laemn.

➢ Zaig aemm, wo Bartl Moßßd langet.

➢ Jeddzt fiift de uffm leddzdn Lochche.

➢ Daß freeget dich n Lochch innn Oorsch.

Aangeschtichchelt

Särweer d Minnze färr Frauw Hinnze
Inner Daßße, dii ich haßße,
Un kipp se druffe oone Muffe
Uff eern Schooß, färrtich, looß!

Un wänn se kneetert dann un zeetert,
Sigg nitt schtille, blibb im Bille,
Schprichch, do häßße enne feßße
Dusche ae värrdiint, wii mich schiint.

Aanschtannd

Sißße, sißße, uffm Mißße
Lokket dr Haan d Hinndr aan.
Sißße, sißße, kenn Kerrnchn frißße,
Eeßd do kummn d Hinndr draan.

Daer Zauberbaum

Im Hoobe schtunn, me klaubt eß kaum,
Enn zeemlich ooler Applbaum.
Daer hull unz im Härbeßte dann un wann
Mett sirr Zauberkunnzd inn sinnem Bann.
Daenn full enn Appl wiid vunn daem Baume
Do worr d Beern jußßd enne Flaume.

Kaddznjammer

Dunndrwaettr, mank d Braetter
Siddzt enn Kaatr, machcht Deaatr.
Kimmt dr Voatr, schledd daen Kaatr,
Machcht dr Kaatr nachch mee Deaatr.

Mool Dammp oablooße

Äwweroall do laufn Haaderlummpn rimme, Haaderlummpn rimme, Haaderlummpn rimme! Äwweroall do laufn Haaderlummpn rimme, Haaderlummpn rimme, Haaderlummpn rimme!

Wii ich bänn uff d Waellt gekummn
Mel.: Auf der Festung Königstein

Ich wäll uchch mool ne Geschichchdn värrzeele,
Enne, vunn daer giddz nitt sa veele.
Disse äßß j saelwer mich baßßeert,
Deßwaejen äßße ae nitt värrkeert.

Wii ich bänn uff d Waellt gekummn,
Hannse mich im Schornschtainlochch gefungn.
Dr Klappperschtorch hätt mich nitt gebeßßn,
Abber in daen Schornschtain rinngeschmeßßn.

Do hättz gebolldert un gekrachcht,
Dovuune bänn ich uffgewachcht.
Ich haa gekreelt, woaßß häßßte, gißßde.
Do schprooch Kroßßmudtr: „Sißßte, sißßte!"

Minne Mudtr koom kraad ußßem Faelle,
Un minn Voatr ußßem Schtoalle
Un se fruugn goanzn benummn:
„Wo äßß dißß Kinnd daenn haergekummn?"

Dann hann se mich zeraechtgerukket
Un äbberoall mich oabgegukket.
„ß äßßn Junge!", riif minn Voatr uuß,
„Haer hätt genau wii ich sonnn Knuuß!"

Daggß druff koom Napperß Lissebettchn
Mett nemm klainn Henkeldebbchn.
ß broochde Mudter scheene Duumnsobpn,
Färr mich n baar Sekkchn, nachch zum Schtobpn.

Dann hann se mich inne Kärchn gebroocht,
Abber an ennn Boadn nitt gedoocht.
Wii dr Härre fruug, wii ich haiße sull,
Do hott ich krait d Wingel vull.

Dann hann se gerodd, mool hänn, mool haer,
Waer äßß daenn Boade ändlich, waer?
Do riif vumm Ieber daer Gehanneß:
„Ich machche daß, jowoll, ich kanneß!

Druffe hann se mich ennhaim gebroocht
Un ann Aeßßn un Trinnkn glichch gedoocht.
Nunn bänn ich minneß Voaterß aeldeßder Soon,
Woaßß haer värrdiint, värrsuff ich schoon.

Wii minn Voatr schprooch: „Nunn bißde krooß,
Machch dich uff d Sokkn, un dann ae looß!",
Haa ich schnaell minnen Rukksakk uffgehukket
Un mich dii krooße Waellt begukket.

Oalle Daage lauf ich nunn kriddz un kwaer
Hinger daen schennßdn Maechen haer.
Haa ich dann ennz mich inngefanngn,
Mußß ich safurrt Gehanneß langn.

Worimm ässeß in Lutter scheen?

Worimm ässeß in Lutter scheen?
Worimm ässeß in Lutter scheen?
Worimm ässeß in Lutter scheen, in Lutter scheen?

1. Wail d Lutter därch Lutter fließt un daß wißße Kriddze
   vumm Baerje krießt!
   Dorimm ässeß in Lutter scheen, in Lutter scheen!

2. Wail d Maechen so lußßdich un d Borrschn so doßßdich!
   Dorimm …

3. Wail Lutter im Daale läjjed un bijm Prooln sich daer
   Ballkn beyjet!

4. Wail me plaat kann geschtorje, un wänn me nischt
   hätt, geborrje!

5. Wail d Lidde so nett sinn un d Hunne so faett sinn!

6. Wail d Lidde so katdoolisch un troddzdaem nitt oold-
   modisch!

7. Wail dr Rappelborn so rappelt un daß Schloachte-
   schwiinchn zappelt!

8. Wail vumm Faelldgikker d Schnuußtn triift, wänn dr
   Guggugg im Hollze rieft.

9. Wail d Kärmeßße so scheen äßß wänn daß gaele Huun
   do furrt äßß.

Woaßß lääd daenn hii uff dr Schtrooßn?

Ref.: Jo, jo, se looßn eere Hoosn uff dr Schtrooßn lää,
Härrjee, Härrjemminä, Härrjee, Härrjemminä!
Jo, jo, se looßn eere Hoosn uff dr Schtrooßn lää,
oach Härrjee, Härrjee, Härrjee, Härrjemminä!

1. Enn ooler Buure koom ennmool noo Uder an d Laine,
   do baddtn veele Lidde, goanz nakkt biß anne Baine.
   Do saete haer: „De Lidde, ich klaub, d Waellt gett
   boole unger!" un haer luuß dobij goanz sachchte d
   Manchaeßderhoosn runger.

2. Hannmichl worr värrrikkt haer hinger jedm Wiiwer-
   rokk. Zunnt hott haer ennz bijm Wikkel im Hollz
   värrm ooln Schtokk. Do koom sa mettenmang dr Jae-
   jer vunn dr Birsch, un Hannmichl mutte schpringe
   oone Hoosn wii en Hirsch.

3. Märtenz Kunnrood, daer zogg imme, wail sinn
   Hißßjn woar z klain. Haer hott ne Schwejjermudtr,
   ne Frau zaen Kinndrlain. Se hottn ß goanz Zigg uffn
   Letterwaan geschtoolt; oomne druff do sooß Lawiise,
   daenn eß worr schonn veel z oold.

4. Kunnrood mutte mett daem Waane mettn därch ne
   krooße Fiddzn. Lawiise flogg vumm Waane runger,
   haer värrloor d Middzn. Dachch kainer wullte bij daem
   Schuumn sich no hingne rimmedree, drimme
   blämmn Lawiise un d Middzn uff dr Schtrooßn lää.

5. Schriinerß Jossepp, disse Bloosn, äßß enn Schinngelaich. Siddzt haer inner Knaipn, sifft haer sich manchmool wingelwaich. Kimmt haer dann morjenzfrij ennhaim, do machcht sinn Treeßjen zu d Deer, lääd haer uff dr Schtrooßn un kreelte: "Hier bin ich der Herr!"

Enn Plaatschtorjeliid

Mel.: Heute kann es regnen (ein Geburtstagslied)

1. Inn daer Schuule laernt me ne goanze Hukkn Kraam,
    woaßß me dann im Laemn offd nitt gebruchche kann.
    Woaßß friejer worr, värrgißßd me, daß zeelt jeddzt nitt mee.
    Daer Schprooche vunn daen Ooln saetn se ade,
    uff Muuloort nachch z schtorjen, das äßß laengßd baßßee.

2. Oanderwaertz do sinn se schtollz uff eern Saunt.
    Mett *BAB* un kellschn Krubpn sinn oalle guud gelaunt,
    mett *DJ Ötzi* langn se mettm Trekker Reesi oab,
    vunn *Gabalier* d Liider genn inn Haerz un Kopp.
    Do sitt me, Muuloort schtorjen äßß kenn ooler Zopp.

3. Wänn inn unsen Därfern <u>ae nitt</u> glichch geschtorjet wärrd,
    äßß Muuloort troddzdaem richdich un ae nitt värrkeert.
    Daenn unse ooleß Aikßfaelld bläbb immer troij un junk,
    sodaß zu oalln Ziidn eß nitt ungergung,
    un ae mett unz behellt nachch witter sinnen Schwunnk.

Refr.: Mee singn hii jeddzt mool plaat mool hooch,
       wie deutsch und denglisch noch und noch.
       Jeddzt plaat z singn, daß wärrd dachch geen,
       haad deeß gemachchd, dann worrß ae scheen!

Quellenangabe

Die mündlichen und mir schriftlich vorliegenden Quellen und Texte aus Publikationen wurden von mir modifiziert und in Lautschrift übertragen. Die modifizierten Texte sind auf den angegebenen Seiten (kursiv) zu finden.

Adler, Helmut und Hey, Albert,
> *Chronik Lutter – Fürstenhagen (Eichsfeld)*. Hrsg. Gemeinde Lutter 1998, S.28-34, 113-136, 207-209.
> *Seite 95, 107, 114.*

Breitenstein, Karl-Josef, *1938, Beberstedt, eigene Erinnerungen und unbekannter Autor.
> *Seite 51, 56.*

Hampl, Theresia, Uder, private Sammlung.
> *Seite 19, 25, 26 oben, 32 oben, 34, 36, 39 oben,*
> *41 unten, 44 oben, 49.*

Hentrich, Konrad, *Die Mundarten des Thüringischen Eichsfeldes und ihre Bedeutung für die Besiedlungsfrage*. Verlag Aloys Mecke, Duderstadt, 1934, S. 20 ff.
> *Seite 18 oben, 27 oben, 46, 48, 55, 58, 59, 61, 63.*

Kaufman, Josef, *Minne Medezinflaschen*. Verlag Volksseele, Mühlhausen, 1924, S.6, 25.
> *Seite 22, 42.*

Kinzel, Christel, *1937, Steinbach.
> *Seite 119, 131.*

König, Werner, 1929-1968, Lutter.
> *Seite 66, 67, 70-90.*

Lendeckel, Maria, 1922-2010, Lutter, nach mündlicher Über-
    lieferung.
        Seite 101.

Lindenbauer, Ursula, *1940 Lutter, nach mündlicher Überlie-
    ferung von Johannes Lendeckel (Ieberhannz).
        Seite 127.

Wehr, Rosa, Lutter, 106-1960.
        Seite 16.

Kleines Vokabular

ainschpännich	-	einspännig, für alleinstehend
Allo hiet!	-	Zuruf beim Hüten von Gänsen, soviel wie: *Alle zum Hüten kommen!*
A-Maßßd	-	A-Mast, Telefon- oder Strommast in A-Form zur Stabilisierung der Leitungen
Ammdtmannschn	-	die Frau des Amtsmannes
Änge	-	das Ende, die Enge
anne Hallmn	-	an die Seite
Backß(e)	-	Backs, das Backhaus
baede, baedd	-	beten, bete
Ballch, Ballje	-	Balg, Balge, für Bauch
ballje(n)	-	sich balgen, raufen
Beern	-	Beeren, Birnen
Bekkelchn	-	kleines Becken, Schüssel
bekksch	-	bockig, für paarungsbereite Ziege
Biechn	-	Buche(n)
Bingel	-	Bündel
binger, -m, -ß	-	unterhalb, vom/von, des
bißß, bißße	-	bis, bis er/sie
Blokkßbaerk	-	Blocksberg, Teil des I-Bergs zwischen Lutter und Heiligenstadt
Boade, Baedchn, Boadn	-	Patenonkel, Patentante, Pate
bolldern, -te	-	poltern, polterte
Bonn, uffn	-	Boden, auf den
boole	-	bald
rinnraent	-	reinregnet
borrjen/geborrje	-	borgen
Borrkß	-	kastrierte männliche Ferkel
Botterwekkn	-	Weißbrot oder Wekke, der Teig wurde mit Butter zubereitet
bretteltn	-	nörgeln, (ständig) aufgeregt reden
Bukkl blou un gaele	-	(den) Buckel blau und gelb (hauen)
bulln, bullt	-	bullern, bullert
Daelldr	-	Teller
daemischer Lakkl	-	dummer Lackel, unbeholfener Typ

därchgeraatscht	-	durchratschen, (intensiv) über ein Thema sprechen
därchß Schtaadthollz	-	durch den Stadtwald
Dibpn, Dibpndekkl	-	Topf, Topfdeckel
diijer	-	teuer
dinnsn	-	ziehen
Doofl	-	Tafel
doowe, -tn	-	toben, tobten
Drijer	-	Münze im Wert von drei Pfennigen, 18. Jh.
driwweleern, -leert(e)	-	drängeln, gedrängelt
Durrn	-	Turnen
Duumnsobpn	-	Taubensuppe
Duutn	-	Tüte(n)
ennhaime/hännhaime	-	nach Hause
err, enne, ennz	-	einer, eine, eins
Errtchn	-	Örtchen, WC
Farr(n)	-	Pfarrer(n)
Farrij	-	Pfarrei
fellt	-	fällt
Fiddibußß	-	Holzspan zum Anzünden von Öllampen und Tabakpfeifen
Fliddzebee	-	Fahrrad, das flitzt, abgeleitet v. franz. bicyclette
Gadderoomnschtaennder	-	Garderobenständer, abwertend auch für dürre Pferde und Kühe
gebonn worrte	-	geboten wurde
geflekket	-	gepflückt
gefrijjet	-	geheiratet
Gekawwele	-	Balgerei
geknittet	-	gestrickt
gescheppe, gescheppt	-	schöpfen, geschöpft
geschottet	-	geschüttet
gewessn	-	gewiesen/gezeigt
Giilewaan(z)	-	Pferdewagen
gißßd	-	gibst
Faelle, imm	-	Felde, im
Knuuß(t)	-	Knust
Gollnen Leemn	-	(im) Goldenen Löwen, Gasthaus

gungß	-	ging es
Guudzhobb	-	Gutshof
Haaderlummpn	-	Haderlumpen, Schimpfwort für Habenichtse und Taugenichtse
Haane, uffm	-	für Fürstenhagen, oben in F.
Habberschtroo	-	Haferstroh, als Futter und Bettlager verwendet
Hanndl/Hannel	-	Handel
Hännge	-	Hände
hänngebannse	-	hinbansen, Getreidegarben in der Banse (Scheune) aufschichten
hännhäbbele	-	hin gehobelt, sich fertig gemacht, erledigt, kaputt
hingeßdn Bingn	-	hinterste Binde, Bezeichnung für ein Wohngebiet (oft am Wassergraben)
Hippesail	-	Hüpfseil, Springseil
Kompjuuter	-	Computer
Hochchznschlunnk	-	Girlande an der Tür des Hochzeitshauses
Hoddzn	-	Hotze, Wiege
Holungerblietn	-	Holunderblüten
Hoozeln	-	gedörrte Birnen
hottn eß gesaet	-	hatten es gesagt
hudte sinne Schoofe	-	hütete seine Schafe
Hukkn	-	Hucke
Hußßeern	-	Hausflur
Ieber	-	(der) Über
Illderchn	-	sehr kleine Früchte
immegerindert	-	sagt man, wenn die Kuh trotz Besamung nicht trächtig wurde
innegett, innegung	-	inne gehen, für schwangere Frau
inngebrokket	-	eingebrockt
innkiipetn	-	einstecken, in die Kiepe (Tasche)
innschleßßd	-	einschlägst
ittl Woßßt	-	pur/nur Wurst, (ohne Brot)
Karaggder	-	Charakter
kawweln sich	-	kabbeln, sich etwas streiten
kerr, kenne, kennz	-	keiner, keine, keins

Kiddzl, hottn eern	-	Kitzel, hatten ihren (Spaß)
kinnte	-	könnte
Klemmerij	-	das Stehlen
Kneebm	-	Faxen, Grimassen
kneetern	-	meckern, knuttern
Knipper	-	Murmeln
Kolln	-	Kohlen
Kooldammp	-	Kohldampf, Hunger
Koßdrolle	-	irdene Gefäße für die Aufbewahrung von Nahrungsmitteln
Kraeweßd	-	Krebs
krait	-	schon, bereits, gerade eben
krieningewißß(e)	-	grünweiße (Gesichtsfarbe)
Krikkl/Krikkel	-	Kurbel
Kruude	-	mit Koks heizbarer Ofen
Laedder	-	Leder
Laemmerschwoannz	-	Lämmerschwanz
laifsch	-	läufig, für paarungsbereite Hunde und Katzen, aber auch abwertend für viel laufende Typen
Letterwaan	-	Leiterwagen, für Heu- und Getreidegarbentransport
Lidde	-	Leute
Lijchtebiel	-	Lichtebühel, Bergkuppe am Lengenberg zwischen Lutter und Uder
Lingn	-	Linde/Lindenbaum
loange	-	lange
Lutterkwaelln	-	Lutterquelle
Maijenwoannd	-	Maienwand, schroffe Bergklippe zwischen Uder und Lutter
Mällcher	-	Samendrüse vom Hering
mank, domank	-	zwischen, dazwischen
mannd	-	als Redewendung abwertend und ergänzend für *nur* gebraucht
mettenmang	-	mitten zwischen
Mißßdn	-	Miste, Dungablageplatz
Muddz	-	Tabakpfeife
Muffe/Muffn	-	Muffe, (für Angst)

naemmlich	-	nämlich
Nikkemaenndr	-	Nicke-Männer, Ja-Sager
Noe	-	Noah, der die Arche baute
noochtern	-	nachher
oabgelanget	-	abgeholt
oanderwaertz	-	anderwärts
Oonoame	-	O-Name, Spitzname
Oorraine	-	Feldraine, schmale, nicht bewirtschaftete Flächen zwischen den Feldern, die auch nicht Privatbesitz waren
Raeff	-	Rückentrage der Hausierer, auch abwertend für lästige Frau
rammdeesich	-	durchgedreht, tobend, nicht mehr kontrollierbar
rekket	-	reicht
ribbelich	-	unruhig, aufgeregt
ruußkimmet, wänn daß	-	wenn das rauskommt
Saennefd	-	Senf
Schellegaeßdn	-	geschälte Gerste, zur Herstellung von Suppe und Brei verwendet
Schinngelaich	-	Schimpfwort, von Schinderlaiche
Schlaewwerschnuußtn	-	jemand, der viel redet
Schlänn	-	Schlitten
Schnuußtn	-	Schnauze, abwertend für Mund
Schpiddzn bläbb aemm waegg	-	(die) Spucke blieb ihm weg
schpringet	-	springt
Schpringmilln	-	Springmühle (bei Lutter)
Schtaijer hooch	-	die Steier rauf, steiler Weg von Lutter nach Kalteneber
schtikkl	-	steil
schtorjn	-	reden
Schtraumn	-	(das) Streuen
Schtrillrekkchn	-	Bekleidung der Kleinstkinder, in die noch eingenässt wurde
Schuumn	-	(der) Schaum, (das) Schieben
sinn, -e, -n, -z	-	sein, -e, -en, -s
sogg	-	sah
soloange	-	solange

Sorrjen	-	Sorgen
suußde	-	sauste
tremmelte	-	bummelte, zögerte
uffgeknaifelt	-	aufkneifeln, Hülsenfrüchte aus ihrer Schale auskernen
unger daer Ziit	-	unter/während der Zeit
Ungergannk	-	Untergang
ungergee	-	untergehen
Uußklingeler	-	Dorfbote, der aktuelle Nachrichten der Gemeinde verkündete und zu Beginn die Handglocke (Schelle) ertönen lies
uußleffele	-	auslöffeln
värr, -m, -ß	-	vor, vor dem, vor die/das
värrdinnesiire	-	verdünnisieren
värrfeert	-	hat sich erschrocken
värrfrijjet	-	verheiratet
värrhinndere	-	verhindern
värrminntwaejn	-	meinetwegen, von mir aus
värroallm	-	vor allem
värrrikket	-	verrückt
Viizigg	-	Viehzeug
waimelich	-	wackelig, schwankend
Weerdärf	-	Wehrdorf, Lutter war an der Grenze zwischen Sachsen und Thüringen ein W.
weßß aenn	-	zeigt(e) ihnen
weßßwaejn	-	weswegen
wiije	-	als er (wie er)
Wiiweßlidde	-	Frauen
Wij	-	Rotmilan, ein Greifvogel der nach seinem Ruf („Wie") genannt wird
wijj(e)n	-	wiegen
Wijjeschtokk	-	Handwaage, Stockwaage
Woannn	-	Wannen
Zaikn	-	Zweig
zeech	-	zäh
zugekrijje	-	zukriegen
zugekummn	-	zugekommen
zunnt	-	neulich, vor kurzem

Danksagung

Ich möchte mich bei den Personen bedanken, die mir ihre eigenen Erinnerungen und oder schriftlichen Dokumente zur Verfügung gestellt haben.

Bei Herrn Karl-Josef Breitenstein bedanke ich mich für seine wunderschönen Erinnerungen, die er mir freundlicherweise zugesandt hat.

Frau Theresia Hampel hat mir mit ihren aus ihrer Schnurren-Sammlung stammenden Beiträgen zum Teil mir bekannte Verse wieder in Erinnerung gerufen, wofür ich mich bedanken möchte.

Bedanken möchte ich mich bei Frau Christel Kinzel, die mir spontan die beiden Lieder vorgesungen hat und mir den Text dazu übersandte.

Die von Werner König stammenden und von seiner Tochter an das Eichsfeldmuseum übergebenen Mundart-Beiträge waren für mich eine sprudelnde Quelle für die Bearbeitung von Ereignissen, an die ich mich teilweise noch erinnere. Ich bedanke mich bei Dr. Torsten W. Müller, dem ehemaligen Direktor des Eichsfeldmuseums, der mir den Zugang zu der Überlassenschaft ermöglichte.

Frau Ursula Lindenbauer hat mir mit dem Lied, welches Ieberhannz, ein Original aus Lutter, gedichtet hat, eine große Freude bereitet.

Für die Erinnerung an *Dii guude oole Ziit* habe ich Frau Marlene Gerlach, einer Nichte von Frau Rosa Wehr, zu danken.

Natürlich gilt auch Herrn Bernhard Schauer wieder mein ganz besonderer Dank für seine so treffenden Zeichnungen und seine Ratschläge.

Das ganze Werk hat aber erst seine Vollendung genommen, nachdem meine Tochter, Dr. Susanne Al-Eryani, ihren Scharfsinn für Korrekturen einbrachte und darüber hinaus mir so manche Tipps für grundsätzliche Anforderungen an die Gestaltung eines Buches gab. Dafür, und für die Zeit, die sie für mein Projekt aufbrachte, möchte ich ihr an dieser Stelle sehr herzlich danken.